AF359938

ŒDIPE
CHEZ ADMETE,

TRAGÉDIE,

Par M. DUCIS, Secretaire ordinaire de MONSIEUR, l'un des quarante de l'Académie Françoise.

REPRÉSENTÉE, pour la premiere fois, par les Comédiens François ordinaires du Roi, le Vendredi 4 Décembre 1778.

A PARIS,

Chez P. FR. GUEFFIER, Libraire-Imprimeur, au bas de la rue de la Harpe, à la Liberté.

M. DCC. LXXX.

PERSONNAGES.

ADMETE, Roi de Theſſalie. *M. Delarive.*

ALCESTE, ſon épouſe. *Mad. Veſtris.*

ŒDIPE, ancien Roi de Thebes. *M. Briſart.*

ANTIGONE, ſa fille. *Mlle. Saint-Val, cadette.*

POLYNICE, ſon fils. *M. Monvel.*

ARCAS, Confident d'Admete. *M. Florence.*

PHENIX, Officier d'Admete. *M. d'Auberval.*

LE GRAND-PRESTRE
 du Templedes Euménides. *M. Vannovre.*

UN PRINCIPAL HABITANT *M. Dorival.*
UN SECOND HABITANT
UN TROISIEME HABITANT ⎰ de la ville de Phere.

PRESTRES DE LA SUITE DU GRAND-
 PRESTRE.
GARDES D'ADMETE. ⎰ perſonnages muets.
PEUPLE.

*La Scene eſt en Theſſalie, dans la ville de Phere.
L'action ſe paſſe dans le palais d'Admete pendant
le premier, le ſecond, & le quatrieme Actes ; &
pendant le troiſieme & le cinquieme, elle ſe paſſe
devant & dans le Temple des Euménides.*

ŒDIPE

CHEZ ADMETE,

TRAGÉDIE.

ACTE PREMIER.

Le Théatre repréſente le Palais d'Admete.

SCENE PREMIERE.

ADMETE, POLYNICE.

ADMETE.

Polynice, eſt-ce vous ? Pourquoi, par quel myſtere,
M'apprenant votre nom, m'engager à le taire ?
Quel étonnant revers, quel ſort injurieux,
Sans ſuite & ſans éclat, vous amene à mes yeux ?
Dans vos ſombres regards la fureur étincelle.
Aux champs Theſſaliens quel ſujet vous appelle ?
Expliquez-vous, Seigneur ?

POLYNICE.

        Admete, qu'il eſt doux,
Tranquille & ſans remords, de régner comme vous !
Vous n'avez point du trône exilé votre pere.

A ij

ADMETE.

Seigneur, je vous entends. Hélas ! fur fa mifere,
Quel cœur, s'il eft humain, ne s'attendriroit pas !
Que n'a-t-il vers nos bords daigné tourner fes pas !
Hier, avec Phénix, notre douleur commune
Plaignoit encor les maux de fa longue infortune.
Plus il eft malheureux, plus Œdipe eft facré.

POLYNICE.

(*A part.*)
De quel trait déchirant mon cœur eft pénétré !
(*Haut.*)
Votre pitié me dit combien je fus barbare.
Hélas ! pour un vieillard fi vertueux, fi rare,
La terre eft fans afyle & le ciel fans flambeau !
L'Univers dès long-temps n'eft pour lui qu'un tombeau :
Il n'a pour tout fecours, privé de la couronne,
Que fes pleurs, fes deftins, & le bras d'Antigone.
Que ma fœur eft heureufe ! elle aura pu, du moins,
Guide fes pas tremblants, lui prodiguer fes foins.
Mais j'entrevois le jour (il n'eft pas loin peut-être),
Où de mon trône enfin je vais chaffer un traître,
Et dans Thebe, à mon tour, rentrant victorieux,
Reprendre avec éclat le rang de mes aïeux.
D'avance contre lui j'ai foulevé la Grece :
De fes Princes unis la fureur vengereffe
Va pourfuivre Etéocle & défendre mes droits ;
Et pour eux ma querelle eft la caufe des Rois.
De vos exploits, Seigneur, je fais ce qu'on publie ;
Il me manquoit encor d'armer la Theffalie.
Si j'obtiens vos fecours, quel que foit le danger,
Je n'aurai plus bientôt mon injure à venger.

ADMETE.

Je n'examine point fi votre caufe eft jufte ;
Je fonge à mes devoirs ; & dans mon rang augufte,
Il ne m'eft point permis, pour fervir vos projets,
D'expofer le bonheur, les jours de mes fujets.
Vous ne l'ignorez pas, les exploits de mon pere
N'ont que trop épuifé fes Etats par la guerre.
Compagnon de Pherès, de fes travaux guerriers,
J'ai vu quels flots de fang ont rougi fes lauriers :
Et quand les cris plaintifs de ma trifte patrie
Raniment la pitié dans mon ame attendrie,
Je n'irai point, Seigneur, prodigue de fon fang,
Au lieu de le fermer, rouvrir encor fon flanc ;

Et dans quel temps, fur-tout ! lorfque les Euménides,
Ces Déeffes de meurtre & de vengeance avides,
Vont dans ce jour célebre annoncer leurs décrets ;
Lorfque de toutes parts, étrangers & fujets,
Accourus fur nos bords, frémiffent dans l'attente ;
Quand mon peuple eft troublé, quand ma cour s'épouvante,
Quand déjà leur Miniftre eft tout prêt à céder
Au fouffle impérieux qui le doit poffétder !
Quoique par le remords leur active juftice
S'exerce au fond des cœurs, en cachant le fupplice,
Il vient, il vient un temps où leur févérité
Signale avec éclat leur tardive équité.
C'eft là plus d'une fois que la trifte innocence
Vint contre l'oppreffeur évoquer la vengeance :
Et puifque tout m'invite à vous le révéler,
Apprenez un fecret qui vous fera trembler.
Non loin de ces remparts, dans un défert horrible,
Ces trois Divinités ont un temple terrible :
D'ifs & de noirs cyprès un bois religieux,
En couvre avec refpect les murs filencieux.
Là, mon pere charmé, de fes mains triomphantes,
Offroit des ennemis les dépouilles fanglantes.
On eût dit que loin d'eux ces funeftes autels
Repouffoient avec lui ces préfents criminels.
O Déeffes ! dit-il, condamnez-vous ma gloire,
Quand j'apporte à vos pieds les fruits de ma victoire ?
Tyfiphone, fortant de l'infernal féjour,
Vint répondre elle-même, & fit pâlir le jour.
A fon afpect affreux les autels s'ébranlerent,
D'une fueur de fang les marbres dégoutterent,
Notre encens s'éteignit, ou n'ofa plus monter ;
Une fourde fureur fembloit la tourmenter :
Mais à peine au dehors elle alloit fe répandre,
Qu'on vit tous fes ferpents fe dreffer pour l'entendre.
« Frémis, a-t-elle dit, impitoyable Roi ;
» Le fang de tes fujets va retomber fur toi.
» Quel bien leur a produit la fplendeur de tes armes ?
» Chacun de tes exploits fut payé par des larmes.
» Porte ailleurs tes drapeaux, tes chants victorieux ;
» Les foupirs de ton peuple ont monté jufqu'aux cieux :
» Il eft temps qu'à leur tour la mort des tiens expie
» Le forfait éclatant de ton triomphe impie.
» Seche auprès du cercueil, fans y pouvoir entrer.
» Va, c'eft là le bienfait que tu dois efpérer ».
Immobile à ces mots, muet dans fes alarmes,

Mon pere m'obferva d'un œil fixe & fans larmes,
Et par tous les témoins à cet oracle admis,
Sur cet oracle affreux le fecret fut promis.
Hélas ! depuis ce temps (quelle eſt fa deſtinée)?
Il traîne une vielleſſe à gémir condamnée!
Son œil indifférent, laſſé de fa grandeur,
Du rang qu'il m'a cédé ne voit point la fplendeur.
Eloigné de ma cour, dans fa retraite auſtere,
Il nourrit les langueurs d'un chagrin folitaire;
Il craint, fur-tout, il craint (peut-être avec raifon)
Qu'un grand malheur bientôt n'accable fa maifon.
Après cela, Seigneur, jugez ſi, contre un frere,
Je dois m'unir à vous pour lui porter la guerre,
Et des filles du Styx réveiller le courroux,
Quand leurs regards vengeurs font arrêtés fur nous.

P O L Y N I C E.

Ainſi, les Souverains, ſi fiers du diadême,
Sont les efclaves nés de leur grandeur fuprème;
Ils n'auront plus le droit, contre le crime heureux,
De demander juſtice & de s'unir entr'eux.
Que dis-je? Si j'en crois l'oracle qu'on m'oppofe,
La Grece eſt donc coupable en défendant ma caufe!
Ma caufe cependant paroît juſte à fes yeux.
On peut venger les Rois fans offenſer les Dieux.
En armant vos fujets contre un Prince perfide,
Vous ferez magnanime & non pas homicide;
Vous foutiendrez l'éclat de votre dignité,
L'honneur de nos pareils, leur rang, leur fureté.
Leurs intérêts enfin font tous unis aux vôtres:
Braver un Souverain, c'eſt braver tous les autres.
Roi, n'oferez-vous rien pour un Roi malheureux?

A D M E T E.

Aux dépens de fon peuple on n'eſt point généreux.

P O L Y N I C E.

Cette haute vertu....

A D M E T E.

Plairoit à mon courage;
Mais un Roi rarement peut la mettre en ufage.
Je ne veux point, Seigneur, par de nouveaux combats,
A l'exemple d'un pere affoiblir mes Etats.
Que n'a-t-il moiſſonné des lauriers légitimes!
Mais il m'apprit, du moins, de plus douces maximes;
C'eſt lui qui m'enfeigna que les Rois étoient nés

Pour offrir un afyle aux Rois infortunés.
Ah ! fi le charme heureux de ce climat paifible
Pouvoit....

POLYNICE.

Avec ma haine il eft incompatible.
Vous n'avez point, Seigneur, vos droits à foutenir,
D'Etéocle à combatre & de frere à punir.
Je ne vous preffe plus de venger mon outrage :
Il me refte mon bras, ma haine & mon courage.
Adieu, Seigneur. Demain, aux premiers traits du jour,
Pour rejoindre mon camp, je fors de votre cour.

SCENE II.

ADMETE, *feul.*

MEs refus vont encor aigrir fon caractere.
Hélas ! fon nom fatal m'a rappellé fon pere ;
Quel état ! Le remords avec l'adverfité !
Mais je le plains, fur-tout, de l'avoir mérité.

SCENE III.

ALCESTE, AMETE.

ALCESTE.

(*Derriere le Théatre.*)

HElas !

ADMETE.

Qu'ai-je entendu ? Quoi ! c'eft vous, chere Alcefte !
D'où naît dans votre fein ce défefpoir funefte ?
Mon cœur auprès de vous, de votre afpect charmé,
A refpirer la paix étoit accoutumé.
Je ne vous connois plus. Pourquoi votre vifage,
D'un calme fi touchant, n'offre-t-il plus l'image ?
Tout votre corps frémit, vous pâliffez d'effroi !...
Expliquez-vous, parlez.

ALCESTE.

Admete, écoutez-moi.

Dans ce temps de la nuit où des vapeurs plus sombres
Redoublent le sommeil, épaississent les ombres ;
Le trépas de mon pere (ô ciel ! puis-je y penser ?)
A mes esprits tremblants s'est venu retracer.
De son pouvoir Médée étalant les merveilles,
De mes crédules sœurs enchantoit les oreilles,
Et, pour les mieux tromper, leur rappelloit Œ son
Rendu par un prodige à sa jeune saison.
Par un prodige égal, déjà chacun espere
Remplir d'un sang nouveau les veines de son pere.
Le bain fatal est prét, les feux sont allumés,
Des rayons de l'espoir leurs yeux sont animés.
On s'arme de poignards. Incertaine & timide,
Leur main semble un moment prévoir le parricide :
Médée exhorte, on marche, on s'avance sans bruit ;
On rend grace au silence, aux horreurs de la nuit ;
On entre dans la chambre, où de ses traits funebres
Un jour pâle & mourant éclairoit les ténebres,
Et découvrant à peine un vieillard endormi ,
Ne laissoit entrevoir le forfait qu'à demi.
On diroit qu'à l'aspect de l'auguste victime,
La nature à leurs cœurs a révélé leur crime :
La piété l'emporte, & leurs couteaux pressés
S'entre-choquent soudain dans son cœur enfoncés ;
Leur parricide zele, innocemment impie,
En déchirant son sein, croit lui donner la vie.
Sa mort leur montre enfin leur détestable erreur.
Médée en s'échappant, insulte à leur douleur.
Leurs pleurs, leurs bras tendus, couvrent le lit funeste ;
Le crime est consommé, le désespoir leur reste.
Ce bain, ce sang, ces cris, ces poignards odieux,
Ce vieillard palpitant est encor sous mes yeux.

ADMETE.

Le ciel voulut alors qu'Alceste fut absente ;
Du meurtre paternel ta main fut innocente :
Tes sœurs,...

ALCESTE.

Ce n'est pas tout ; j'ai cru dans ma terreur,
Le cœur encor saisi de tant d'objets d'horreur,
Que j'allois dans tes bras m'assurer un asyle.
Déjà la paix rentroit dans mon sein plus tranquille ;
Déjà je respirois ce calme heureux & doux
Que retrouve une femme auprès de son époux :
Sous tes pas à l'instant s'est ouvert le Ténare,

Une invisible main t'entraînoit au Tartare.
Tu me criois adieu. J'ai frémi, j'ai couru.
Entre nous deux alors nos enfants ont paru ;
Ils élevoient vers nous leurs voix attendrissantes ;
Ils enchaînoient tes pieds de leurs mains innocentes.
La foudre épouvantable a soudain retenti.
Alors tout s'est calmé, tout s'est anéanti ;
De ces objets divers l'effrayant assemblage,
De tes périls, sur-tout, me laisse encor l'image :
Et, dût ce ciel vengeur irriter mes ennuis,
Je veux sortir enfin de l'horreur où je suis.

ADMETE.

Dans ce songe confus, quelque effroi qu'il te donne,
Je n'ai rien distingué qui me trouble ou m'étonne.
De ton pere souvent ton esprit occupé
A pû de son trépas être aisément frappé.
Quand au Ténare ouvert, ta tendresse inquiete
A seule imaginé tous ces périls d'Admete :
Pour trembler sur mes jours, craintive au moindre bruit,
Tu n'avois pas besoin des erreurs de la nuit.
Va, sans interprêter de bizarres mensonges,
Remplissons nos devoirs & dédaignons les songes.
Sur sa propre innocence un mortel affermi
A sa vertu pour juge & le ciel pour ami.

ALCESTE.

Non, non : pour démentir mes présages timides,
Je veux interroger l'autel des Euménides.
Le sort à leurs regards aime à se découvrir,
Et pour nous dans ce jour leur temple va s'ouvrir.

ADMETE.

Mais connois-tu, dis-moi, ces Déesses horribles,
Ces Sœurs que leur justice a fait nommer terribles ?
Leur grand Prêtre a souvent de sa sinistre voix
Sous leurs dais orgueilleux épouvanté les Rois :
Sous leur sceptre sanglant tout pouvoir s'humilie ;
Leur nom seul prononcé trouble la Thessalie :
A l'aspect imprévu de leur temple odieux,
Le voyageur tremblant passe & ferme les yeux :
Il semble, à leur menace, à leur regard sauvage,
Que l'horreur des mortels soit leur plus cher hommage,
Et que, s'il est un cœur qui les ose adorer,
Ce n'est qu'en frémissant qu'on les puisse honorer.

B

ALCESTE.

'Ah ! pour moi leur aspect est un tourment moins rude
Que le supplice affreux de mon incertitude !
Me refuserois-tu de les interroger ?

ADMETE.

Peut-être imprudemment cherchons-nous le danger.

ALCESTE.

Je sens que dans mes vœux , c'est le ciel qui m'inspire.

ADMETE.

Sur le cœur d'un époux tu connois ton empire :
Mais si tu m'en croyois , ton esprit curieux
Sur nos communs destins s'en remettroit aux Dieux.

SCENE IV.

Les mêmes, ARCAS.

ARCAS.

Seigneur , dans ce moment le redoutable temple
Que l'innocence même avec effroi contemple,
Vient d'ouvrir son enceinte aux regards des mortels ;
Un feu sombre & sacré brûle sur les aurels ;
Des trois Divinités les funebres images
De vos sujets tremblants reçoivent les hommages.
Le grand Prêtre a paru. L'Oracle va parler.
Voici l'heure où sa bouche enfin doit révéler
Les décrets réservés pour ce jour formidable.

ADMETE.

Chere Alceste , le ciel nous sera favorable.
Raffermis à ma voix ton courage abattu.
Quel cœur plus que le tien doit croire à sa vertu ?
Loin de nous à jamais toute crainte inquiete.

ALCESTE.

Je la sens expirer en écoutant Admete :
Je sens que par degrés , modérant son effroi ;
Mon ame avec plaisir s'affermit près de toi :
Consulte seul l'Oracle ; & moi , je vais encore
Dans ta fille & ton fils voir l'époux que j'adore ;

Et perdant auprès d'eux mes vains preffentiments,
Leur prodiguer pour toi mes doux embraffements.

(Ils fortent tous deux.)

Fin du premier Acte.

ACTE SECOND.

SCENE PREMIERE.

ADMETE, ARCAS.

ARCAS.

Q Uoi ! c'eft un Prince jufte , un Héros magnanime
Que le ciel en ce jour demande pour victime !
A cet affreux trépas Admete eft réfervé !
A l'amour de fon peuple Admete eft enlevé !
O rigoureufe loi d'un Oracle inflexible !
Le ciel, dans fon courroux, eft-il donc infenfible
Aux vertus d'un Monarque, aux larmes des fujets ?

ADMETE.

Refpectons , cher Arcas, fes terribles décrets.
Mais quand l'autel eft prêt, quand ma mort eft prochaine ;
As-tu dans fon erreur entretenu la Reine ?
Avec des foins prudents lui cache-t-on toujours
Que l'Oracle fatal a condamné mes jours ?

ARCAS.

Oui , Seigneur : de fon trouble enfin fon cœur refpire.
Il ne s'alarme plus pour vous ni pour l'Empire.
Autour d'elle empreffés, vos fideles fujets,
Font taire leurs douleurs , leurs foupirs, leurs regrets ;
Tout dérobe à fes yeux la vérité funefte.

ADMETE.

O trop cruelle erreur ! ô malheureufe Alcefte !

ARCAS.

Faut-il donc la quitter au printemps de vos jours !

B ij

Pourquoi les Dieux si-tôt en bornent-ils le cours!
Ah! quel bonheur jamais fut plus digne d'envie!

A D M E T E.

Combien de nœuds, Arcas, m'attachoient à la vie!
Ces sujets pleins d'amour, dont l'œil fixé sur moi
Ne pouvoit se lasser de contempler leur Roi;
Leurs transports d'alégresse empreints sur leur visage;
Leurs flots tumultueux inondant mon passage;
Tous ces cris répétés, leurs regards satisfaits
M'offrant de toutes parts le prix de mes bienfaits,
Ce plaisir de me dire : « Ils vivent sans alarmes;
» Le bonheur de me voir fait seul couler leurs larmes;
» Il n'en est pas un seul dans ce peuple nombreux
» Qui pour moi dans son cœur ne forme mille vœux :
» Par les loix, par les mœurs, je rends mon sceptre auguste,
» Ma joie est d'être aimé, ma gloire est d'être juste ».
Ah, de mon peuple, Arcas, faut-il me séparer!

A R C A S.

Le ciel à nos regards n'a fait que vous montrer :
Falloit-il que la mort....

A D M E T E.

     Mort cruelle & jalouse;
Qui m'ôte mes enfants, mes sujets, mon épouse....
Eh! quelle épouse, ô ciel! ami, si quelquefois
Ces soucis importuns qu'on lit au front des Rois,
Avoient du moindre trouble altéré mon visage,
Un mot, un mot d'Alceste, écartant le nuage,
Y ramenoit le calme & la tranquillité.
Son œil s'ouvroit, Arcas, j'étois moins agité.
Que dis-je! en ces moments où notre ame plus tendre
Dédaignoit les discours pour mieux se faire entendre,
Un long enchantement confondoit nos deux cœurs;
J'aimois, je la voyois, je goûtois les douceurs
D'un silence attentif qui la rendoit plus belle;
Je ne lui parlois pas, mais j'étois auprès d'elle :
Et quand mon sort heureux a passé mes desirs,
Quand le trône & l'hymen m'offrant tous leurs plaisirs,
Ont versé sur ma vie un charme qui m'enivre,
Au lieu de tant d'objets, pour qui j'espérois vivre,
C'est la nuit du trépas qui va m'environner;
Je perds tout le bonheur que j'allois leur donner.

A R C A S.

De ces vains mouvements surmontez la tendresse.

ADMETE.

Je confume avec toi mes pleurs & ma foibleffe....
Mais j'apperçois Alcefte?

ARCAS.

Elle avance vers vous.

Hélas ! quel eft fon fort !

ADMETE.

Il fuffit : laiffe-nous.

(*Arcas fort.*)

SCENE II.

♦ADMETE, ALCESTE.

ALCESTE.

CHer époux, je te vois : les fieres Euménides
N'ont donc point prononcé des arrêts homicides ?
Le ciel protege Admete. Oh ! combien j'ai tremblé,
Jufqu'au moment terrible où l'Oracle a parlé !
Je te demande encore à la nature entiere.
Chacun de tes enfants m'a préfenté fon pere,
Chacun de tes fujets m'a préfenté fon Roi,
Et mon époux par-tout s'eft offert devant moi.
Mais as-tu de ton peuple obfervé la tendreffe ?
O moment pour ton cœur plein de charme & d'ivreffe !
Comme il craint pour tes jours ! comme il chérit tes loix !
Ah ! c'eft dans leurs périls qu'on peut juger les Rois !
Du coup dont je tremblois ils frémiffent encore.

ADMETE.

Trop jufte fentiment d'un peuple qui t'adore !
Ah ! puiffe-t-il long-temps, heureux dans l'avenir,
De mes foibles bienfaits garder le fouvenir !

ALCESTE.

Le ciel vient de calmer fa tendreffe inquiete.
Que devenois-je, hélas ! s'il eût profcrit Admete ?
Moi, te perdre ! grands Dieux ! Admete, ah ! tu crois bien
Que mon trépas d'abord auroit fuivi le tien.
Cet éternel adieu, cet abandon terrible,
L'aurois-je fupporté, moi, dont le cœur fenfible

Au feul fon de ta voix eft prêt à s'émouvoir;
Qui cefferois de vivre en ceffant de te voir,
Qui ne faurois une heure endurer ton abfence,
Qui craindrois moins la mort que ton indifférence;
Moi, qui n'entrevois pas, même dans l'avenir,
Qu'aucun moyen jamais puiffe nous défunir?
Non, je ne conçois point, de tes vertus ravie,
De terme à mon bonheur, ni de terme à ta vie.

ADMETE.

Ma chere Alcefte.... ah! Dieux!

ALCESTE.

Veux-tu qu'en ces moments
Je faffe à tes regards amener nos enfants?
Veux-tu?...

ADMETE.

Non.... garde-leur ce cœur fenfible & tendre:
A tes fecours, Alcefte, ils ont droit de prétendre;
Et fi leur pere un jour....

ALCESTE.

Que me dis-tu?

ADMETE.

Je croi
Que leur âge encor foible auroit befoin de toi.
Eh! qui pourroit compter les bienfaits d'une mere!
A peine nous ouvrons les yeux à la lumiere,
Que nous recevons d'elle, en refpirant le jour,
Les premieres leçons de tendreffe & d'amour.
Son cœur eft averti par nos premieres larmes;
Nos premieres douleurs éveillent fes alarmes.
Sous les plus douces loix nous croiffons près de vous;
Et c'eft dès le berceau que vous régnez fur nous.

ALCESTE.

Comment de notre amour ne pas chérir les gages!
Mes foins ne font-ils pas leurs plus doux héritages?

ADMETE.

Tu promis à leur pere & ton cœur & ta foi.

ALCESTE.

Eft-ce Admete qui craint d'être oublié de moi!
Va, ce léger foupçon doit outrager ma flâme.
Doutes-tu qu'à jamais tu regnes fur mon ame?
J'en attefte l'autel qui reçut nos ferments,
Où mon cœur te voua fes premiers fentiments;

Ces flambeaux de l'hymen, cette brillante fête,
Où du bandeau des Rois tu parois ta conquête.
Quel bonheur nous attend ! Oui, je n'en doute pas,
Ton fils, ton fils un jour marchera sur tes pas.
Il a déjà ta grace, il aura ton courage ;
Déjà ses traits naissants m'ont offert ton image,
Et tandis que sans moi tu courois aux autels,
Interroger du sort les décrets éternels,
Comme si ton péril eût accru mes tendresses,
Ma main lui prodiguoit les plus douces caresses.
Mes regards de le voir ne pouvoient se lasser ;
Dans ton fils, cher epoux, je croyois t'embrasser ;
Et s'il faut, sans détour, t'avouer mes alarmes,
J'ai même, en l'embrassant, répandu quelques larmes.
Tu pleures, cher Admete !

A D M E T E.

Oui, mon cœur transporté....

A L C E S T E.

Livre-toi sans réserve à ta félicité.

A D M E T E.

Je te vois.... je t'entends.... O moments pleins de charmes !
Tant de bonheur m'accable & fait couler mes larmes.
Je n'ai jamais, jamais senti jusqu'à ce jour
Avec plus de transport le prix de ton amour.
Par ces noms si touchants & d'épouse & de mere,
A l'Etat, comme à moi, que tu dois être chere !
Va, crois-moi, le destin n'a point droit sur les cœurs ;
Va, l'amour ne meurt point ; ses sentiments vainqueurs,
Du sort qui détruit tout ne craignent point l'empire.
Crois que ce feu sacré, qu'un tendre hymen inspire,
Sous ma cendre avec moi ne pourra s'assoupir,
Qu'il doit survivre encore à mon dernier soupir.

S C E N E   I I I.

PHÉNIX, ADMETE, ALCESTE.

P H É N I X.

SEigneur, vers ces cyprès, vers ces roches arides,
Où le remords consacre un temple aux Euménides,
A mon œil tout-à-coup de respect prévenu,

S'eſt offert un mortel, un vieillard inconnu.
Ses yeux ne s'ouvrent point à la clarté céleſte.
Au printemps de ſes jours, une beauté modeſte,
Lui prêtant ſon appui, ſes ſecours généreux,
Aide, ſoutient, conduit ce vieillard malheureux.
La nobleſſe eſt encore ſur ſon viſage empreinte;
On y voit la douleur, mais ſans trouble & ſans crainte.
Ses longs cheveux blanchis, agités par les vents,
Couvrent ſon front penſif, qu'ont ſillonné les ans.
J'obſervois dans ſon port, ſur ſon front immobile,
Au milieu de ſes maux, ſa dignité tranquille.
Et tout enfin, Seigneur, en lui m'a rappellé
Cet illuſtre proſcrit, dont vous m'avez parlé.

ADMETE.

Il ſuffit, cher Phénix.

(*Phénix ſort.*)

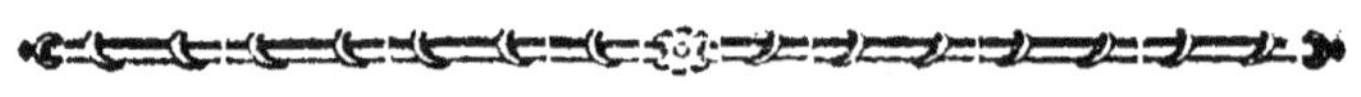

SCENE IV.

ADMETE, ALCESTE.

ALCESTE.

Quel eſt donc ce myſtere?
Un vieillard inconnu. Parlez : que veut-il faire?
Je crains.... Phénix d'abord eût dû l'interroger.

ADMETE.

Peut-être vainement ç'eût été l'affliger.
Hélas! d'un malheureux la prudence eſt extrême.
Ah! ſon ſecret ſouvent n'eſt que ſon malheur même.

ALCESTE.

Vous lui demanderez d'où naît ſon ſort affreux?

ADMETE.

Je n'interroge pas les mortels malheureux.

ALCESTE.

De ſes deſtins, Seigneur, vous avez connoiſſance.
Ainſi ſur vos ſecrets vous gardez le ſilence;
Ils ne ſont plus communs! Pourquoi me les cacher?
Votre cœur dans le mien craint-il de s'épancher?

ADMETE.

Crois-tu !...

ALCESTE.

Me traitez-vous comme une ame commune,
Qu'on doit peu confulter, qu'un fecret importune ?

ADMETE.

Tu me fais cet outrage ?

ALCESTE.

Eh ! depuis quand, pourquoi
N'ofez-vous fans détour vous fier à ma foi ?

ADMETE.

Eh bien ! c'eft....

ALCESTE.

Ne crains pas.

ADMETE.

Ce vieillard fans afyle ;
Ce noble fugitif, dans fes maux fi tranquille,
C'eft Œdipe.

ALCESTE.

Qui ! lui, Seigneur ! Ah ! dans ces lieux,
Son afpect contre nous va fufciter les Dieux !

ADMETE.

Que dis-tu, téméraire ?

ALCESTE.

Oui, voilà mon préfage ;
Il ne m'a point trompée.

ADMETE.

Eh ! c'eft là ton courage ?

ALCESTE.

Non, je n'en puis douter : tout le peuple en fureur
Va chaffer un vieillard qui doit lui faire horreur.

ADMETE.

Que crains-tu ?

ALCESTE.

Je crains tout. Je crains les Euménides ;
Leurs ferpents, leurs flambeaux, vengeurs des parricides,
Je crains Laïus, Œdipe & Jokafte en courroux ;
Ils vont du fein des morts s'élever contre nous.

ADMETE.

Quel excès de foibleffe !

C

ALCESTE.

Ah ! ciel ! si ta vengeance !...

ADMETE.

De ta propre vertu n'as-tu point l'assurance ?

ALCESTE.

Eh ! qu'avoit fait Œdipe ?

ADMETE.

Eh bien ! si c'est mon sort,
J'accepte sans murmure ou la vie ou la mort.

ALCESTE.

Barbare !

ADMETE.

De nos Dieux le pouvoir légitime
Doit-il nous consulter pour nommer leur victime ?
Si leur bras suspendu s'apprête à la frapper,
Prince ou Sujet, n'importe, il ne peut échapper.
Crois-tu, s'il faut du sang, que leurs bouches timides
Ont pour le demander besoin des Euménides ?
Va, tu n'as désormais rien à craindre pour moi.

ALCESTE.

Mon cœur foible & tremblant n'est plus digne de toi.
Des noirs destins d'Œdipe, ah ! voilà donc l'empire !
Il souille autour de lui jusqu'à l'air qu'il respire.
Nous vivions trop heureux ; c'est lui seul qui nous nuit,
Il va verser sur toi le malheur qui le suit.

ADMETE.

Va, le malheur pour nous est de fermer notre ame
Au cri de la pitié qui me parle & m'enflâme.
Qui l'auroit dit un jour, que le Roi des Thébains
Mendieroit les secours du dernier des humains ?
Chere Alceste, offrons-lui ce palais pour asyle ;
Qu'il fixe auprès de toi sa vieillesse tranquille.
Est-il pour nos pareils emploi plus digne d'eux,
Que d'offrir auprès du trône un port aux malheureux !

(*Ils sortent.*)

Fin du second Acte.

ACTE TROISIEME.

*(Le Théatre change. Il repréfente un défert épou-
vantable. On apperçoit dans le fond le Temple
des Euménides , & fur le côté des ifs , des cyprès
& des rochers.)*

SCENE PREMIERE.

POLYNICE, *feul.*

Quel defir inquiet, quel trouble involontaire
M'entraîne, malgré moi, dans ce lieu folitaire,
Comme fi quelque inftinct me forçoit d'y chercher
Ces finiftres autels que je crains d'approcher !

(Regardant le Temple des Euménides.)

Le voici donc ce temple, où du crime ennemies,
Pour punir mes pareils habitent les Furies,
Ces Déeffes qu'Œdipe, armé de tous fes droits,
Contre des fils ingrats invoqua tant de fois.
Noires filles du Styx, c'eft à votre colere
Que je dévoue ici mon déteftable frere ;
Accumulez fur lui des tourments mérités,
Et tels que je voudrois les avoir inventés.
Egalez, s'il fe peut, vos tranfports à ma rage.
S'il demeure impuni, fon crime eft votre ovrage :
Que dis-je ? De quel front m'élever contre lui,
Et quand je lui reffemble, implorer votre appui !
Lorfqu'Admete périt, comment votre juftice
Laiffe-t-elle un moment refpirer Polynice ?
Malgré tant de vertus Admete eft condamné ;
Malgré tant de forfaits, m'auriez-vous épargné ?
Je veux les confulter. . . . Que pourrois-je en apprendre ?
L'Oracle eft dans mon cœur, c'eft à moi de l'entendre.
Ce cœur, pour confoler mes deftins malheureux,
Ne me répondra point que je fuis vertueux.
Mais, quel eft donc mon fort ? Sans trône, fans patrie,

Je ne sais, mais je sens dans mon ame flétrie
Un trouble, une douleur qui m'obsede en tous lieux.
Hélas ! aucun vieillard ne se montre à mes yeux
Qu'une voix ne me crie : Ingrat, voilà ton Pere.
« Vois-tu ses cheveux blancs, ses vertus, sa misere ».
Est-il vivant ? Quel temple & quel désert affreux !
Des antres, des rochers, des cyprès ténébreux !
D'un nouveau cythéron tout m'offre ici l'image.
Mais quel vieillard souffrant, appesanti par l'âge ;
M'apparoissant de loin, sous des tristes rameaux
Traine un corps affoibli, caché sous des lambeaux ?
Sous l'habit d'une esclave, une femme attentive
Prête un appui fidele à sa marche tardive.
Le remords n'abat point leur front chargé d'ennui....
Si c'étoit.... avançons.... c'est mon pere, c'est lui.
J'ai reconnu ma sœur. O trop cheres victimes !
Fuyons.... en les voyant, je crois voir tous mes crimes.

(Il s'échappe à travers le bois de cyprès.)

SCENE II.

ŒDIPE, ANTIGONE.

ŒDIPE, *tenant le bras d'Antigone.*

Ma fille, arrêtons-nous : la fatigue & les ans
Ont dérobé la force à mes pas languissants.

(S'asseyant sur un débris de rocher.)

Suis-je bien affermi ? Puis-je être ici tranquille ?

ANTIGONE.

Des rochers, des cyprès, peuplent seuls cet asyle.
Mais votre cœur encor se rouvre à vos ennuis.

ŒDIPE.

Je ne sortirai pas de la place où je suis.

ANTIGONE.

O ciel ! que dites-vous !

ŒDIPE.

O ma chere Antigone !
Je suis las de traîner l'horreur qui m'environne.

Je vais ceffer de vivre.
ANTIGONE.
Et tels font les difcours
Dont vos cruels chagrins m'entretiennent toujours.
ŒDIPE.
As-tu vu quelquefois le débris des naufrages
Rejetté par les flots, chaffé par les rivages?
ANTIGONE.
Eh bien?
ŒDIPE.
Voilà mon fort.
ANTIGONE.
Ainfi donc votre efprit
S'abreuve avec plaifir d'un poifon qui l'aigrit.
ŒDIPE.
Je fuis Œdipe.
ANTIGONE.
Hélas ! faut-il qu'inftruit par l'âge,
Votre Antigone en vain vous exhorte au courage!
ŒDIPE.
Avec quelle rigueur les ingrats m'ont chaffé!
ANTIGONE.
Je fuis auprès de vous ; oubliez le paffé.
ŒDIPE.
Je les aimois.
ANIGONE.
Songez....
ŒDIPE.
Je prévois leurs miferes :
L'orgueil aura bientôt divifé les deux freres.
Je l'ai prédit.
ANTIGONE.
Perdez ce fatal fouvenir.
OEDIPE.
Le ciel ne peut manquer un jour de les punir.
ANTIGONE.
Peut-être.
OEDIPE.
Oui, tu verras le fougueux Polynice

De mon fort quelque jour envier le fupplice.
ANTIGONE.
Penfez qu'Admete ici va vous tendre les bras.
OEDIPE.
Crois-tu qu'à mon afpect il ne frémira pas ?
ANTIGONE.
Tant que nous refpirons, le ciel à nos alarmes,
D'un bonheur, quel qu'il foit, laiffe entrevoir les charmes.
Ne me dérobez pas l'efpoir que j'en conçoi.

OEDIPE.
Je ne te blâme point, j'ai penfé comme toi.
D'être heureux en naiffant, l'homme apporte l'envie ;
Mais il n'eft point, crois-moi, de bonheur dans la vie.
Il lui faut, d'âge en âge, en changeant de malheur,
Payer le long tribut qu'il doit à la douleur.
Ses premiers jours, peut-être, ont pour lui quelques
       charmes ;
Mais qu'il connoît bientôt l'infortune & les larmes !
Il meurt dès qu'il refpire, il fe plaint au berceau ;
Tout gémit fur la terre, & tout marche au tombeau.

ANTIGONE.
De vous plus que jamais la trifteffe s'empare.
OEDIPE.
Epoux, peres, enfants, il faut qu'on fe fépare ;
C'eft un arrêt du fort, nul ne peut l'éviter.
ANTIGONE.
Hélas !
OEDIPE.
    Ne pleure point.
ANTIGONE.
              Ah ! vous m'allez quitter.
OEDIPE.
Va, crois-moi, prends pitié de ton malheureux pere.
Ma fille, affez long-temps j'ai gémi fur la terre.
Vois ces tremblantes mains, vois ce corps épuifé.
ANTIGONE.
Sous le fardeau des ans il n'eft pas affaiffé.
OEDIPE.
Ah ! je n'en fens pas moins leur nombre & ma foibleffe.

ANTIGONE.

Les Dieux vous donneront la plus longue vieilleſſe.

OEDIPE.

Ma vie eſt un ſupplice ; & pour me ſecourir.
Il ne me reſte plus que l'eſpoir de mourir.

ANTIGONE.

Vous plaignez-vous des ſoins & du cœur d'Antigone ?
Vous ai-je abandonné ,

OEDIPE.

           Ma fille, hélas ! pardonne.
Je t'outrageois ſans doute. Eh ! qui, juſqu'à ce jour,
M'a montré plus que toi de conſtance & d'amour ?
Ton ſort me fait frémir.

ANTIGONE.

           Mon ſort ! je le préfere
A l'hymen le plus doux, au trône de mon frere.
Hélas ! c'eſt à mon bras que le vôtre eut recours.
Si mon ſexe trop foible a borné mes ſecours ,
Par ma tendreſſe au moins , j'ai calmé vos alarmes ;
J'ai ſoutenu vos pas, j'ai recueilli vos larmes.
Hélas ! pour vous nourrir, j'ai ſouvent mendié
Les refus inſultants d'une avare pitié.
Il ſembloit que le ciel , adouciſſant l'outrage ,
Aux malheurs de mon pere égalât mon courage.
Seule au fond des déſerts, j'ai marché ſans effroi,
Croyant avoir toujours vos vertus près de moi.
Vos ennuis ſont les miens , ma douleur eſt la vôtre.
Nous ſeuls nous nous reſtons , conſolés l'un par l'autre.
L'univers nous oublie : ah ! recevons, du moins
Moi, vos triſtes ſoupirs , & vous , mes tendres ſoins.
Que Thebe à vos deux fils offre un trône en partage ;
Vous ſuivre & vous aimer , voilà mon héritage.

OEDIPE.

Dieux , vous avez payé mes tourments, mes travaux.
Ma joie en ce moment a paſſé tous mes maux.
Mais dis, où ſommes-nous ?

ANTIGONE.

           Sous ces cyprès arides,
Je vois le temple affreux des triſtes Euménides.
D'horreur à cet aſpect mon eſprit eſt frappé.....
Mon pere, ah ! d'où vous vient cet air préoccupé ?

Quelque nouvel effroi semble encor vous surprendre.

ŒDIPE.

Les Euménides ! Ciel ! ah ! je crois les entendre.
Je crois les voir ici s'attacher sur mes pas.
Ma fille, approche-toi ; ne m'abandonne pas.

ANTIGONE.

Dans ses égarements le voilà qui retombe.
Hélas ! sous tant de maux je crains qu'il ne succombe.
Rassurez-vous, mon pere.

ŒDIPE.

          O supplice ! ô tourments !

ANTIGONE.

Modérez dans mes bras ces affreux mouvements.
Hélas ! dans ces déserts quels secours puis-je attendre ?

ŒDIPE.

O filles des enfers ! vous qui devez m'entendre,
Vous de qui j'ai reçu ma naissance & mon nom,
Vous qui m'avez jetté sur le mont Cythéron,
Divinités d'Œdipe, exaucez ma priere !

ANTIGONE.

Suspendez, justes Dieux, les transports de mon pere.

ŒDIPE.

Indomptable pouvoir du sort qui me poursuit,
Dans quel horrible état mes forfaits m'ont réduit !

ANTIGONE.

Le Ciel vous y forçoit.

ŒDIPE.

          A mon-esprit timide
N'offrez plus, Dieux vengeurs, les champs de la Phocide ;
Cachez-moi par pitié ce sentier douloureux,
Où j'ai percé les flancs d'un pere malheureux ;
Cachez-moi cet autel, où des serments impies
Ont joint deux chastes cœurs aux flambeaux des Furies ;
Cet autel exécrable, où leurs serpents hideux
Déjà de leurs replis nous enchaînoient tous deux,
Où Mégere debout, avec un ris funeste,
Sous les traits de l'hymen consacra notre inceste.

ANTIGONE.

Mon pere !

ŒDIPE.

O ma patrie ! & vous Dieux outragés,
J'ai fait ce que j'ai pu , je vous ai tous vengés.
N'a-t-on pas vu ces mains , fecondant ma colere,
Creufer ces yeux fanglants , en chaffer la lumiere ?

ANTIGONE.

Dieux !

ŒDIPE.

J'ai rempli le monde & d'horreur & d'effroi,
Les peuples à mon nom s'arment tous contre moi.

ANTIGONE.

Hé , Seigneur !

ŒDIPE.

O Jocafte ! ô mere malheureufe !
Que tu prévoyois bien ma deftinée affreufe !
Et toi , berceau fanglant , où j'aurois dû périr ,
Rochers du Cythéron , j'y reviens pour mourir.

ANTIGONE.

Hélas !

ŒDIPE.

Es-tu content ? j'ai maffacré mon pere ,
J'ai profané l'hymen par l'hymen de ma mere ;
Du fond de tes déferts je fortis vertueux ;
J'y retourne affaffin , profcrit , inceftueux ,
Traînant par-tout mes maux , mes forfaits , mes ténebres,
Entends mes derniers vœux , entends mes cris funebres.

ANTIGONE.

O ciel !

ŒDIPE.

De mon tombeau je me vais emparer ,
Voilà , voilà la pierre où je dois expirer.

ANTIGONE.

Quelle horreur !

ŒDIPE.

Je ne veux , lorfque ma mort s'apprête ,
Que l'abri d'un rocher pour y cacher ma tête.

ANTIGONE.

Mon pere !

ŒDIPE.

Tout s'ebranle à mon funefte nom.

D

ANTIGONE.

Mon pere, écoutez-moi !

ŒDIPE.

Cythéron! Cythéron!

ANTIGONE.

Dissipez vos terreurs, sortez de ce supplice.
Souffrez......

ŒDIPE.

Retire-toi, malheureux Polynice;
Viens-tu dans ces déserts, par un forfait nouveau,
Pour m'en fermer l'accès, t'asseoir sur mon tombeau ?
Viens-tu me disputer un repos que j'implore,
Et forcer ma vengeance à te maudire encore?

ANTIGONE.

C'est Antigonne, hélas ! qui vous embrasse ici.

OEDIPE.

Les cruels !..... On m'entraîne..... & toi ma fille aussi;
Tu braves mes sanglots, tu braves mes prieres;
Tu te joins contre Œdipe à tes barbares freres !
Après tant de bienfaits, après tant de secours,
Tu t'es lassée enfin de consoler mes jours !
Vois mon triste abandon, mes pleurs, ma solitude;
Le plus grand de mes maux est ton ingratitude.

ANTIGONE.

Connoissez mieux mon cœur, ma tendresse, ma foi.
Je vous tiens dans mes bras. Détrompez-vous.

OEDIPE.

C'est toi!
Laisse moi m'assurer en t'y pressant moi-mème,
Que je n'ai pas perdu l'unique objet que j'aime.

ANTIGONE.

C'est moi qui vous chéris, c'est moi qui vis pour vous.

OEDIPE.

Ah ! je me sens calmer par des accents si doux.
O consolante voix ! nature ! ô tendres charmes !
Que je puisse à loisir t'arroser de mes larmes !

ANTIGONE.

Et n
Quoi, mon pere, & moi, pour calmer vos douleurs;
je puisse à mon tour vous baigner de mes pleurs !

OEDIPE.

Oui, tu feras un jour chez la race nouvelle,
De l'amour filial le plus parfait modele.
Tant qu'il exiſtera des peres malheureux,
Ton nom conſolateur ſera ſacré pour eux ;
Il peindra la vertu, la pitié douce & tendre :
Jamais ſans treſſaillir ils ne pourront l'entendre.

ANTIGONE.

Comment ce Ciel ſi juſte a-t-il pu vous livrer
Aux douleurs dont l'excès vient de vous déchirer !

OEDIPE.

N'accuſons point des Dieux la juſtice ſuprême.
Quels que ſoient nos deſtins, elle eſt toujours la même,
Leurs ſecretes faveurs, tes généreux bienfaits,
Ont ſurpaſſé ſouvent tous les maux qu'ils m'ont faits :
Vous me voyez gémir ſous la main qui m'immole ;
Mais vous n'entendez pas la voix qui me conſole.
Qui ſait, lorſque le ſort nous frappe de ſes coups,
Si le plus grand malheur n'eſt pas un bien pour nous !
Hélas ! de l'avenir vains juges que nous ſommes,
Ignorer & ſouffrir, voilà le ſort des hommes.
Nous errons avec crainte & dans l'obſcurité
Sous l'aſtre impérieux de la fatalité.
Tout trahit nos projets, tout ſert à les confondre :
De nos ſeules vertus nous pouvons nous répondre.
Grands Dieux ! oui, je commence à lire en vos deſſeins ;
Tout entiers devant moi vous offrez mes deſtins :
Vous m'avez entouré de douleurs & de crimes,
Pour mieux voir votre Oedipe au fond de tant d'abymes,
Pour mieux le contempler luttant, privé d'appui,
A qui l'emporteroit de ſon ſort ou de lui.

ANTIGONE.

J'entends du bruit... Mon pere, ah ! je vois qu'on s'avance !

OEDIPE.

Songes bien ſur mon ſort à garder le ſilence.

ANTIGONE.

Vous, retenez ſur-tout vos eſprits éperdus.

OEDIPE.

Si l'on me reconnoît, ah ! nous ſommes perdus !

SCENE III.

ŒDIPE, ANTIGONE,
UN PRINCIPAL HABITANT DE LA VILLE DE PHERE, UN SECOND, UN TROISIEME HABITANT, PEUPLE.

LE PRINCIPAL HABITANT.

Parlez, répondez-nous, Etranger vénérable ;
Vos cris nous ont frappé ; quel revers vous accable ?
ANTIGONE.
Que vous servira-t-il de savoir ses malheurs ?
C'est sans nécessité rappeller ses douleurs.
LE PRINCIPAL HABITANT.
Qui l'attire en ces lieux ?
ANTIGONE.
Par-tout on nous rejette :
Poursuivis par le fort, nous venons chez Admete ;
Nous osons nous flatter qu'un Roi si généreux
Aura quelque pitié d'un vieillard malheureux.
LE PRINCIPAL HABITANT à *Œdipe.*
Votre origine est-elle éclatante ou commune ?
ANTIGONE.
Il se plait à cacher son obscure infortune.
LE PRINCIPAL HABITANT.
C'est à lui de répondre.
ANTIGONE à *part.*
O ciel !
LE PRINCIPAL HABITANT à *Œdipe.*
Dans quel séjour
Avez-vous commencé de respirer le jour ?
OEDIPE.
A Thebes.
LE PRINCIPAL HABITANT.
Et le lieu témoin de votre enfance ?

OEDIPE.

Un défert.

LE PRINCIPAL HABITANT.
A quel fang devez-vous la naiffance ?

OEDIPE.

Au fang d'un malheureux par le fort opprimé.

LE PRINCIPAL HABITANT.

Son nom ?

OEDIPE.

C'étoit....

ANTIGONE.
Hélas ! doit-il être nommé ?

Un mortel inconnu.....

LE PRINCIPAL HABITANT.
Mais quel étoit fa mere ?

ANTIGONE.

Que peut vous importer une femme étrangere ?

LE PRINCIPAL HABITANT à *Antigone.*

Quelle eft la vôtre, vous ?

ANTIGONE.
La mienne ?

LE PRINCIPAL HABITANT.
Oui, vous tremblez !

OEDIPE.

C'en eft fait..... ah ! ma fille !

ANTIGONE.
Hélas !

LE PRINCIPAL HABITANT.
Vous vous troublez !

ANTIGONE.

Laiffez-nous de nos maux vous cacher le principe.

OEDIPE.

Je ne me connois plus.

LE PRINCIPAL HABITANT.
Je reconnois Oedipe.

LE DEUXIEME HABITANT.

Oedipe, vous ! fortez, abandonnez ces lieux.

LE TROISIEME HABITANT.

De loin fa feule approche a foulevé nos Dieux.

ANTIGONE.

Que faites-vous, cruels ?

LE DEUXIEME HABITANT.

    Il a tué fon pere.

LE TROISIEME HABITANT.

Ses fils doivent le jour à l'hymen de fa mere.

ANTIGONE.

Ce n'eft pas fon forfait, c'eft celui du deftin.

LE PRINCIPAL HABITANT.

N'importe, il eft commis.

LE DEUXIEME HABITANT.

    Chaffons cet affaffin.

Nous maudiffons Laïus, Oedipe & fa famille.

OEDIPE.

Ne m'ôtez pas du moins ma malheureufe fille.

LE DEUXIEME HABITANT.

Qu'on l'entraîne.

OEDIPE.

   Antigone, ah ! ne me quitte pas.

Penche-toi fur mon fein, ferre-moi dans tes bras,

 (*Antigone tient fon pere étroitement embraffé.*)

LE TROISIEME HABITANT.

 (*Arrachant Œdipe des bras de fa fille.*)

Notre religion.

OEDIPE.

   Quoi, monftre ! quoi, parjure !

Tu peux parler des Dieux en bravant la nature !

LE DEUXIEME HABITANT.

C'en eft trop.

ANTIGONE.

   Excufez une aveugle douleur.

Il fouffre, il eft aigri ; c'eft l'effet du malheur :

Qu'importe fa naiffance, ou comment on le nomme !

C'eft un infortuné, c'eft un roi, c'eft un homme.

(*Œdipe tombe à demi renverfé fur les débris de rocher où on l'a vu d'abord affis.*)

SCENE IV.

ŒDIPE, ADMETE, ANTIGONE, LES TROIS HABITANTS, LE PEUPLE, GARDES.

ANTIGONE.

C'Est vous, c'est vous, Admete ! ah ! défendez un Roi
Qu'un peuple entier pourfuit, qui n'a d'appui que moi !
En voyant ce vieillard , fongez à votre pere.

ADMETE *au Peuple.*

Arrêtez , malheureux , ou craignez ma colere.

ANTIGONE *à Œdipe.*

Seigneur, je cours à lui.... Mon pere, entends ma voix!
Reçois encor mes foins pour la derniere fois :
C'eft moi, c'eft ton foutien, ton guide, ta famille :
J'expire fi tu meurs.

OEDIPE.

J'embraffe encor ma fille !

ANTIGONE *à Œdipe.*

Ah ! revenez à vous , Admete eft en ces lieux ;
Il contient les tranfports d'un peuple furieux :
Ce héros près de lui nous donne une retraite.

ADMETE.

(Prenant & ferrant la main d'Oedipe.)

Ma main eft le garant qui vous répond d'Admete.

OEDIPE.

Admete, eft-il bien vrai ? Quoi donc ! votre bonté
Nous accorde un afyle & l'hofpitalité ?

ADMETE.

Faut-il qu'un tel bien fait vous frappe & vous étonne ?
J'ai pour vous le refpect & le cœur d'Antigone.

OEDIPE.

La tendre humanité ne peut aller plus loin ,
Les Dieux reconnoîtront un fi généreux foin.
Vous offrez tous les deux la vertu la plus pure :

L'un honore le trône & l'autre la nature.

ADMETE.

Je plains plus que jamais les Princes malheureux.

OEDIPE.

Qu'allez-vous faire, hélas ! Prince trop généreux ?
Le Peuple est alarmé : peut-être ma présence
Entre ce peuple & vous romproit l'intelligence :
Sur vous si quelque orage étoit près d'éclater,
Moi-même à mes destins je pourrois l'imputer.
Vivez ; que votre hymen laisse à votre famille
Quelqu'appui généreux qui ressemble à ma fille ;
Qu'il égale à jamais par ses félicités,
Et ma reconnoissance & mes calamités.
Mon Antigone, allons, conduis encore ton pere.

ADMETE.

Non, restez ; pour patrie adoptez cette terre.

OEDIPE.

Souvenez-vous de Thebe.

ADMETE.

Il n'est plus pour vous.
L'univers vous poursuit ; le ciel sera pour nous.
Vos malheurs font vos droits, vos vertus font vos titres.
Entre ce peuple & moi que les Dieux soient arbitres.

OEDIPE.

Eh bien ! j'obéis donc. Ecoutez-moi, grands Dieux !
J'ose au moins sans terreur me montrer à vos yeux.
Hélas ! depuis l'instant où vous m'avez fait naître,
Ce cœur à vos regards n'a point déplu peut-être.
Vous frappiez, j'ai gémi. J'entrerai sans effroi
Dans ce cercueil trompeur qui s'enfuit loin de moi.
Vous savez si ma voix, toujours discrette & pure,
S'est permis contre vous le plus foible murmure :
C'est un de vos bienfaits, que, né pour la douleur,
Je n'aie au moins jamais profané mon malheur.
Vous voyez que ce corps & chancelle & succombe :
Où daignez-vous enfin m'accorder une tombe ?
Répondez à ma voix, tristes divinités.

(On entend le bruit de plusieurs tonnerres souterrains,
mélés à des cris de douleur & à des accents lamentables.)

ANTIGONE.

Tonnerres, feux vengeurs, Dieu terrible, arrêtez :
Qui peut dans ce moment armer votre colere ?

LE PEUPLE ET LES TROIS HABITANTS.

Œdipe.

ADMETE.

(*L'horreur du tonnerre & des cris funebres augmente.*)

Où fuis-je ? ô ciel ! je fens trembler la terre !

OEDIPE.

Répondez, répondez.

(*Le bruit des tonnerres & des cris monte au dernier degré.*)

SCENE V.

OEDIPE, ANTIGONE, LE GRAND-
PRESTRE, PRESTRES DE LA
SUITE, ADMETE, LES TROIS
HABITANTS, PEUPLE, GARDES.

LE GRAND-PRÊTRE.

INfortuné vieillard,
Les Dieux fur tes deftins ont fixé leur regard.
De la fatalité courageufe victime,
Quand l'univers trompé ne voyoit que ton crime ;
Ils ont vu tes vertus. Peuples, dans ces climats,
Ce n'eft pas fans deffein qu'ils ont conduit fes pas.
Quel célefte flambeau, dont la clarté m'étonne,
Diffipe tout-à-coup la nuit qui t'environne !
Je vois fuir devant toi le deuil & le trépas.
Tes malheurs font paffés. Mars, le Dieu des combats,
Attache à ton cercueil les lauriers & la gloire ;
Il doit être à jamais l'autel de la victoire ;
Le monde y portera fon encens & fes vœux.

ADMETE.

La mort confacra ainfi les héros malheureux,
Ah ! c'eft pour adoucir fon infortune extrême,
Que le ciel fur mon front plaça le diadème.

E

Peuples, écoutez-moi : je remets en vos mains
Un vieillard malheureux, le plus grand de humains.
Tâchez d'en obtenir, ardents à le défendre,
Qu'il laisse à nos climats le trésor de sa cendre.
Adieu, souvenez-vous que c'est l'humanité
Qui sert de premier culte à la divinité ;
Que c'est en imitant sa bonté paternelle,
Que notre encens l'honore & peut monter vers elle.
Et vous, vieillard auguste, à qui je tends les bras,
Jusques dans mon palais daignez suivre mes pas.

(Ils sortent tous.)

Fin du troisieme Acte.

ACTE QUATRIEME.

SCENE PREMIERE.

ANTIGONE, POLYNICE.

POLYNICE.

LOrsque, dans ce palais, une douleur muette
Cache le deuil public & le malheur d'Admete,
Ma sœur, m'est-il permis, dans ces tristes moments,
De goûter la douceur de vos embrassements ?
Par quel motif secret, le destin qui m'étonne,
A-t-il conduit mes pas sur les pas d'Antigone ?
Je sens moins mes remords & mes adversités,
Puisque des biens si chers ne me sont point ôtés.
Je vous retrouve enfin.

ANTIGONE.

Cette entrevue encore,

Mon frere, est pour Œdipe un secret qu'il ignore :
Tandis que d'autres yeux daignent veiller sur lui,
Je vais donc, sans témoins, vous entendre aujourd'ui.
Dans quel état, ô ciel ! s'offre à moi Polynice ?

POLYNICE.

Se peut-il que sur moi votre cœur s'attendrisse ?

Quoi ! vous m'ofez revoir ! Quoi ! j'entends cette voix,
Qui dans Thebes jadis me charma tant de fois !
Ma fœur, que notre race, en forfaits trop féconde,
Du bruit de fes revers a bien rempli le monde !
Dans vos malheurs, du moins, pour fupporter leurs coups,
La paix, la douce paix, n'a point fui loin de vous.
Le ciel à vos vertus devoit un autre frere.
Il vous fit naître exprès pour confoler un pere.
Vous avez jufqu'ici, par le fort agités,
Confondu vos foupirs & vos calamités.
L'équitable avenir, qui jamais ne pardonne,
Confondra les deux noms d'Œdipe & d'Antigone.
Nous y ferons connus (le ciel l'a prononcé),
Vous, pour l'avoir fuivi, moi, pour l'avoir chaffé.
Sous quels noms différents on nous rendra juftice !
Pour dire un fils ingrat, on dira Polynice.

ANTIGONE.

Eh ! mon frere, oubliez....

POLYNICE.

      Ah ! ce font vos fecours
Qui d'Œlipe fouffrant ont prolongé les jours.
Vous n'avez point quitté notre malheureux pere.

ANTIGONE.

La mort d'Admete, hélas ! va combler fa mifere :
Il croit que fon deftin porte ici le trépas,
Et que c'eft Thebes encor qui renaît fous fes pas.
Dans fon cœur oppreffé fa douleur fe raffemble ;
Ses antiques malheurs s'y réveillent enfemble.
Son calme m'épouvante ; il ne s'eft point, hélas !
Ni penché fur mon fein, ni jetté dans mes bras ;
Immobile, & plongé dans une horreur muette,
Il murmure les noms de Laïus & d'Admete :
Sa bouche avec effort commence quelques mots,
Qu'arrachent fes douleurs, qu'étouffent fes fanglots :
Pour calmer fes tourments ma voix n'a plus de charmes ;
De fes yeux defféchés j'ai vu fortir des larmes :
Jamais ennui plus fombre & chagrin plus profond,
Depuis qu'il eft errant, n'a pefé fur fon front ;
En vain les Dieux ici marquent notre retraite ;
Il ne voudra point vivre où doit mourir Admete.
Que dis-je ? Vivre, hélas ! (l'inftant n'en eft pas loin)
De fon trépas bientôt je vais être témoin :
Ou, s'il refpire encor, loin d'écouter nos larmes,

Quel peuple contre nous ne prendra point les armes ?
Je vois par-tout la mort, le péril, la douleur ;
Ce n'est que d'aujourd'hui que je sens mon malheur :
Le courage, l'espoir, la force m'abandonne.
Dieux ! pour Œdipe encor ranimez Antigone !
Seul, proscrit, fugitif, il n'a que moi d'appui ;
En veillant sur mes jours, vous veillerez sur lui.
Voici mon dernier vœu, faites qu'il s'accomplisse.
Que le même cercueil, s'il se peut, nous unisse :
Que nous goûtions, du moins, après tant de travaux,
Dans un commun sommeil, l'oubli de tous nos maux.

P O L Y N I C E.

Ma sœur, dans ce palais, vous n'avez plus d'asyle :
J'ai vu l'emportement de ce peuple indocile ;
Il croit que, leur portant le désastre & l'effroi,
Oedipe est seul l'auteur de la mort de leur Roi.
S'ils alloient, juste ciel ! s'immoler notre pere !
Ne délibérons plus ; tandis que leur colere
Ne porte point sur vous leurs sacrileges mains,
De Thebes tous les trois reprenons les chemins.
Dans la Grece déjà mes drapeaux vous attendent ;
Mes alliés sont prêts, & mes chefs vous demandent.
Hâtons-nous de quitter ces funestes climats.

A N T I G O N E.

Mais, vous ! par quels revers, si loin de vos Etats,
Implorez-vous ici des armes étrangeres ?

P O L Y N I C E.

Connoissez-vous si mal nos destins & vos freres ?
Jugez de la fureur qui doit nous posséder ;
L'un veut reprendre un sceptre, & l'autre le garder.
Mon pere l'a prédit, & j'en crois son présage,
Le fer partagera son sanglant héritage.

A N T I G O N E.

Que dites-vous, cruel ? Vous me faites horreur !

P O L Y N I C E.

Je vous verrai vous-même approuver ma fureur.
Mais mon pere à nos vœux résistera peut-être :
Tâchons, par nos discours, de l'aigrir contre un traître ;
D'attendrir sa vieillesse en faveur de son sang.
D'un fils infortuné digne encor de son rang.
Vainqueur, je sais, ma sœur, ce qui me reste à faire.
Il verra s'il me doit confondre avec mon frere.

Eſpérez-vous, ma ſœur, qu'il daigne m'écouter ?
A N T I G O N E.
Pour fléchir ſon courronx, j'oſerai tout tenter.
Mais j'apperçois Oedipe..... Eloignez-vous, mon **frere.**
P O L Y N I C E.
Faut-il toujours trembler à l'aſpect de mon pere ?
A N T I G O N E.
Compagne de ſon ſort que je dois partager,
Souffrez qu'auprès de lui je coure me ranger

S C E N E   I I.

A N T I G O N E, Œ D I P E, A D M E T E.

A D M E T E.

Roi, dont l'affreux deſtin, l'ame forte & profonde
Sont en ſpectacle au ciel, ſervent d'exemple au monde
Criminel vertueux, dont le front reſpecté
Du trône & du malheur garde la majeſté,
Croirai-je qu'à ma cour, acceptant un aſyle,
Vos jours vont s'achever dans un ſort plus tranquille ?
Les Dieux, par un oracle, en protegent le cours.

Œ D I P E.
Je n'acceptera point leurs funeſtes ſecours.
A D M E T E.
Ils ont du moins pour vous ſignalé leur clémence.
Œ D I P E.
Mais ils ont ſur Admete étendu leur vengeance.
A D M E T E.
Long-temps le trait fatal a reſté ſuſpendu.
Œ D I P E.
J'arrive, je me montre, & l'oracle eſt rendu.
Pouviez-vous échapper au deſtin qui m'aſſiege ?
De rivage en rivage, avec moi, pour cortege,
Je traîne le malheur, le deuil & le trépas.
Le ciel maudit la terre où s'impriment mes pas.
Ah ! loin de votre cour....

ADMETE.

N'irritez point ma peine,

En fuyant un afyle où le ciel vous amene.

ŒDIPE.

Quel afyle ! un palais que j'ai rempli d'effroi,
Où des fujets en pleurs me demandent leur Roi ;
Où bientôt tout fon peuple, ému par mon approche,
Viendra me prodiguer l'infulte & le reproche ;
Où les fanglots d'Alcefte.... Infortunés époux,
Il manquoit à mon fort de retomber fur vous !
Quel bonheur j'ai détruit ! Votre pere refpire ;
Par les plus fages loix, vous réglez votre empire ;
Alcefte plaît fans crime à vos yeux innocents ;
Vous pouvez fans remords embraffer vos enfants ;
Ils font votre efpérance, & non votre fupplice :
Vous n'avez point pour fils un ingrat Polynice.
Lorfqu'à votre bonheur tout fembloit concourir,
Admete, étoit-ce, hélas ! vous qui deviez mourir ?

ADMETE.

Cédez moins aux douleurs de votre ame abattue.

ŒDIPE.

Vous me tendez les bras, & c'eft moi qui vous tue.

ADMETE.

Non, le crime eft connu ; l'oracle a prononcé.

ŒDIPE.

Pourquoi de ce palais ne m'avoir pas chaffé ?

ADMETE.

A vos rares vertus j'aurois fait cette injure !

ŒDIPE.

Ignorez-vous mon nom ?

ADMETE.

J'écoutois la nature.

Pour fecourir Oedipe, au moins j'aurois vécu.

ŒDIPE.

Oedipe eft accablé ; vos malheurs l'ont vaincu.

ADMETE.

Vous vivrez, je le veux. C'eft l'efpoir qui me refte.
N'accufez point ici votre deftin funefte ?
Souffrez, mais comme Œdipe ; & pour dernier effort
Mettez votre conftance à fupporter ma mort.

Alceste est dans l'erreur, elle est sans défiance ;
Daignez de ce mensonge appuyer l'innocence.
Œdipe, vos malheurs, commencés en naissant,
Vous ont aux maux d'autrui rendu compâtissant :
Eloignez de ses yeux la vérité cruelle.
Quand je ne serai plus, que vos soins auprès d'elle
Adoucissent du moins l'horreur de mon trépas ;
Elle en aura besoin, ne l'abannez pas.
Que mes enfants aussi trouvent en vous un pere.
Vous devenez pour eux un appui nécessaire.
Hélas ! je laisse un fils qui doit régner un jour ;
Formez-le pour son peuple & non pas pour sa cour.
Loin de lui tout éclat d'une pompe importune.
Offrez-lui pour leçon votre auguste infortune ;
Qu'il apprenne de vous, (hélas ! vous le savez)
Que les Rois au malheur sont souvent réservés ;
Qu'esclave du destin, au moment qu'il respire,
L'homme est dans tous les rangs soumis à son empire.
O vous ! qui condamnant d'ambitieux exploits,
Voulez d'un grand exemple épouvanter les Rois,
Dieux ! vous qui m'immolez, lorsque j'efface un crime,
Attachez vos bienfaits au sang de la victime,
Regardez ces climats avec un œil plus doux,
Que mon Alceste au moins survive à son époux ;
Consolez sa douleur, soutenez sa foiblesse ;
De ce Roi malheureux protégez la vieillesse ;
Je mets sous votre appui, dans mes derniers instants,
Œdipe, mes sujets, ma femme, mes enfants.
Cet espoir me soutient à mon heure suprême ;
Je goûte avant ma mort les fruits de ma mort même.
L'honneur en est trop cher, le prix en est trop beau,
Si le bonheur public renaît sur mon tombeau :
Mais Alceste paroît.

OE D I P E.

Ah ! fuyons sa présence ;
Je tremble d'éclairer son heureuse ignorance :
Mon trouble & ma douleur pourroient tout découvrir.
Sortons.

A D M E T E.

Cher Prince .... adieu.

OE D I P E.

Ma fille.... allons mourir.
(*Il sort.*)

SCENE III.

ADMETE, ALCESTE.

ALCESTE.

IL eſt enfin connu ce terrible myſtere ;
Cet oracle effrayant que tu voulois me taire.
Je ſors, je ſors du temple.

ADMETE.

      Ah ! qu'entends-je ?

ALCESTE.

        Grands Dieux!
L'appareil de ta mort vient d'y frapper mes yeux.
Avec quel art perfide écartant mes alarmes,
Tu déguiſois ton trouble & dévorois tes larmes !
Tu me trompois, barbare ! & moi, dans ce moment,
Je goûtois de l'amour le doux enchantement !
J'allois prier les Dieux de veiller ſur ta tête,
Les couronner de fleurs comme en un jour de fête,
Et quand leur main ſur toi portoit les coups mortels,
De mon crédule encens parfumer leurs autels !
Hélas ! j'étois en paix ſur le bord de l'abîme !

ADMETE.

Ils ont rendu l'Arrêt.

ALCESTE.

      Ils n'ont point la victime.

ADMETE.

Mais ils peuvent ici la frapper dans tes bras ;
Leur œil vengeur me ſuit, la mort eſt ſur mes pas.
Tremblons ſous leur pouvoir.

ALCESTE.

      Dis plutôt leur vengeance,
Qui m'arrache un époux, qui pourſuit l'innocence.

ADMETE.

Veux-tu que nos enfans, proſcrits, perſécutés,
Trouvent un jour ces Dieux par leur pere irrités ?
Du ſaint nœud qui nous joint l'héroïque tendreſſe
Marche avec le courage, & proſcrit la foibleſſe.

Vois-moi dans ces moments d'un œil religieux ;
Songe que ton époux eft fous la main des Dieux :
Je ne m'appartiens plus ; marqué pour leur victime,
Je dois leur confacrer tout le fang qui m'anime :
Mes jours dépendent d'eux ; ce qui dépend de moi,
C'eft de penfer en homme & de mourir en Roi.

ALCESTE.

Hélas !

ADMETE.

Pour nos enfants fouffre encore la lumiere :
Qu'on ne remarque pas qu'ils ont perdu leur pere :
De notre chafte hymen entretient le flambeau.
Laiffe-moi, fans pâlir, entrer dans le tombeau.
Voici l'inftant fatal : que ton cœur s'y prépare.
Va, la mort rejoindra ce que la mort fépare.
Ecoute : mes enfants pourroient frapper mes yeux :
Eloigne-les. Approche, & reçois mes adieux.

ALCESTE.

Non, je ne reçois point un adieu fi funefte.
Quoiqu'ordonne le ciel, l'efpoir encor me refte.
Avant que d'échapper, de fortir de ce lieu,
Il faudra de mes bras....

ADMETE.

    Mon devoir parle : adieu.

ALCESTE.

Où courez-vous ?

ADMETE.

Mourir.

ALCESTE.

    Arrête encor, barbare !
Peux-tu ne pas frémir du coup qui nous fépare ?
Je verrai donc, ô ciel ! mes enfants malheureux,
Inquiets, incertains, fe regarder entre eux,
Et foupçonnant leur perte aux fanglots de leur mere,
Par leurs cris innocents me demander leur pere !
Le ciel, ce jufte ciel, daignera m'exaucer :
Tu t'envas aux autels, je cours t'y devancer :
Si le trône eft fouillé, j'en expierai le crime.
J'en crois mon cœur, les Dieux, leur tranfport qui m'anime.
Puifque le fang des Rois doit calmer leur courroux,
La majefté du trône eft égale entre nous.
Appellez mes enfants, je fuis époufe & mere :
Il faudra que le ciel s'entrouvre à ma priere.

F

SCENE IV.

ALCESTE, ADMETE, PHÉNIX.

ALCESTE.

Hénix vient. Ah ! calmez mon efprit éperdu !
Parlez ; un autre oracle eft-il enfin rendu ?

PHÉNIX.

Madame , il vient de l'être. Une foule éplorée
Avoit rempli le temple , en affiégeoit l'entrée.
Tous, comme une famille , embraffant les autels ,
Redemandoient leur Roi , leur pere aux immortels.
L'oracle a répondu : « Séchez , féchez vos larmes ;
» Vos cris des mains des Dieux ont fait tomber les armes.
» Votre Prince vivra , mais pourvu qu'aujourd'hui
» Quelqu'un du fang des Rois s'offre à mourir pour lui.
» Les Dieux à ce trépas borneront leur vengeance ».
Tout retentit des cris de leur reconnoiffance ;
Mais leurs cris, mais leur joie , en de fi doux moments,
S'étouffent à demi fous leurs gémiffements.
Tous voudroient vous fauver, tous offriroient leur vie ;
Aux Princes dans leurs cœurs ils portent tous envie :
Ils ne comprennent pas que ces Princes jaloux
Ne fe difputent pas à qui mourra pour vous.

ALCESTE.

Mes vœux font exaucez.

(*Elle fait figne à Phénix de fortir.* — *Phénix fort.*)

SCENE V.

ALCESTE, ADMETE.

ADMETE.

Ul autre que moi-même
N'appaifera, grands Dieux , votre équité fuprême !
Pourrois-je me flatter, en tombant fous vos coups,

Que la victime au moins sera digne de vous ?
Quelle honte en effet, qu'un Prince de ma race
Se fût offert d'abord pour mourir à ma place ;
Que son trépas....

ALCESTE.

Et moi, je rends grace, à mon tour,
Au péril qui pour vous a glacé leur amour.

ADMETE.

Que dis-tu ?

ALCESTE.

Le voici, ce moment desirable,
Ce moment d'un triomphe à l'hymen honorable ;
Où je puis, m'avançant vers la mort sans effroi,
Te prouver ma tendresse, en expirant pour toi.

ADMETE.

Je souffrirois.... grands Dieux !

ALCESTE.

Tu n'es plus leur victime :
Ton trépas étoit juste, il deviendroit un crime.

ADMETE,

Tu prétends....

ALCESTE.

Je le veux. N'es-tu pas mon époux ?
Va, j'ai craint ta tendresse & non pas ton courroux.
As-tu cru posséder, dans ton péril extrême,
Un ami plus fidele, ou plus sûr que moi-même ?
Si je m'offre à ta place, eh ! quel autre que moi
A le droit d'y prétendre & de mourir pour toi ?
L'amour de tes parents t'eût conservé la vie :
Leurs cœurs s'enflamment-ils d'une si noble envie ?
Le trépas à choisir n'est plus qu'entre nous deux ;
Je le prends pour moi seule & n'attends plus rien d'eux.
S'ils l'avoient accepté, j'irois avec justice
Leur disputer l'honneur d'un si grand sacrifice.

ADMETE.

Ta générosité, tes vœux sont superflus ;
C'est par mon trépas seul....

ALCESTE.

Il ne t'appartient plus.
Tes jours me sont acquis ; c'est le prix de mes larmes,
Des pleurs de tes enfants, de ton peuple en alarmes

De l'Etat tout entier, qui pour fauver fon Roi,
S'eſt placé par ſes cris entre les Dieux & toi.

ADMETE.

Des Princes de ma race ils ont éteint le zele.

ALCESTE.

Pour m'accorder l'honneur d'une mort auſſi belle.

ADMETE.

Pour me rendre au trépas.

ALCESTE.

     Pour forcer ton devoir
A régner ſur un peuple heureux par ton pouvoir.
Va, les Rois qu'on chérit ſont des dons aſſez rares,
Pour que d'un tel bienfait les deſtins ſoient avares.
J'en peux juger ſans doute. Eh! qui connoîtroit mieux
Les vertus de l'époux que j'ai reçu des Dieux!
Tu ne peux faire un pas que la patrie entiere,
Que mille cris confus ne te nomment leur pere;
Qu'ils n'élevent au ciel leurs innombrables mains,
Que les fleurs ſous tes pas ne couvrent les chemins.
Vois leur zele éclatant, vois la publique ivreſſe,
Ce concours, ces tranſports témoins de leur tendreſſe:
Vois ces temples ouverts, où l'encens allumé....
Tu le ſens, cher Admette, il eſt doux d'être aimé.
Ne cache point tes pleurs, ſi dignes d'un Monarque;
Ils ſont de tes vertus une infaillible marque.
Vois quels ſont ſur les cœurs ton empire & tes droits;
L'amour du peuple, Admete, eſt le tréſor des Rois.

ADMETE.

Non, non, dans l'univers je ne vois rien qu'Alceſte.
Je rends à mes ſujets leurs vœux que je déteſte:
Si ce ſont tes ſoupirs qui m'ont ſauvé le jour,
Je te rends à toi-même un trop fatal amour.

ALCESTE.

Je ne t'écoute plus.

ADMETE.

    Reviens ici, cruelle:
Deſcends-tu ſans frémir dans la nuit éternelle?

ALCESTE.

Mort ou vivant, n'importe, aux enfers, dans les cieux,
Un cœur juſte eſt par-tout ſous la garde des Dieux.
C'en eſt aſſez; ſortons.

ADMETE.

Mes soldats, mes cohortes,
Ont rempli ce palais, t'en défendront les portes.

ALCESTE.

Non, tu voudrois en vain t'arracher de ces lieux.

ADMETE.

Marchons. . . .

(*Se saisissant du poignard d'Admete.*)

Encore un pas, je m'immole à tes yeux.

SCENE VI.

ADMETE, ALCESTE, ŒDIPE, ANTIGONE.

(Œdipe paroît de loin dans l'enfoncement du Théatre.)

ŒDIPE.

Qu'entends-je?

ALCESTE.

Où suis-je? Hélas!

ADMETE.

Alceste!

ALCESTE.

(*Laissant tomber son poignard.*)

Ah! je succombe!

ŒDIPE.

Eh! c'est vous de vos mains qui vous ouvrez la tombe!
C'est vous qui vous livrez à ces transports affreux!
C'est vous qui, me voyant, vous jugez malheureux!
Eh! votre esprit aveugle a méconnu le crime!
Vous n'avez pas tremblé sur le bord de l'abîme!
Avez-vous cru tourner vos bras séditieux
Contre un limon servile oublié par les Dieux?
Sur un être immortel avez-vous quelque empire?
En brisant sa prison, pensez-vous le détruire?
Le malheur vous accable! Etois-je donc heureux,
Quand Jocaste attachée à d'exécrables nœuds.....
De mes yeux, il est vrai, j'éteignis la lumiere;

Mais je n'éteignis point la raison qui m'éclaire ;
Je respectai dans moi cet esprit, ce flambeau
Qui meut un corps fragile & survit au tombeau.
Je sais par quels tourments la céleste vengeance
Exerce vos efforts, poursuit votre constance :
Mais vous avez cédé, mais ce cœur combattu
N'a pas jusqu'à la fin conservé sa vertu.

ALCESTE.

Les Princes de son sang souffrent tous qu'il périsse ;
Et quand je cours pour lui m'offrir en sacrifice......

OEDIPE.

Il vivra.

ALCESTE.

    Lui ! comment ?

OEDIPE.

        Oui ; nos Dieux en courroux
Vont s'appaiser.

ALCESTE

    Par qui ?

OEDIPE.

        Ni par lui, ni par vous.
Un Prince issu des Rois sera seul leur victime ;
Ils agréeront sa mort ; elle expiera le crime.
Le ciel, j'ose en répondre, exaucera ses vœux.
Je ne le nomme point ; mais je prétends, je veux....

ALCESTE.

Ordonnez ; que faut-il ?

OEDIPE.

        Sécher ces pleurs timides ;
Courir dès l'instant même aux pieds des Euménides ;
Y brûler avec pompe un encens solemnel ;
De vos enfants suivie, y rendre grace au ciel
Du bienfait imprévu qui leur conserve un pere ;
Lever sur leur autel votre main meurtriere,
Pour y promettre aux Dieux, quels que soient vos malheurs,
De supporter le jour, d'endurer vos douleurs.

        (*à Admete.*)

Et vous que tout l'Etat & chérit & contemple,
Trouvez-vous, j'y serai, sur les marches du temple.
Tous vos maux finiront ; dissipez votre effroi ;
De vos destins entiers reposez-vous sur moi.

        (*Ils sortent tous.*)

Fin du quatrieme Acte.

ACTE CINQUIEME.

SCENE PREMIERE.

ŒDIPE, ANTIGONE,

OEDIPE.

ALceste eft-elle admife au pied du fanctuaire ?
Ses enfants y font-ils à côté de leur mere ?

ANTIGONE.

Oui , Seigneur, elle a fait ce que vous ordonnez ;
De feftons par fes mains fes enfants font ornés.
Le peuple eft accouru. Tout eft prêt : l'encens fume ;
Sur l'autel redouté le feu facré s'allume.......
Puis-je efpérer, mon pere, une grace de vous ?

OEDIPE.

Parle.

ANTIGONE.

De la pitié le fentiment fi doux
Doit toucher aifémeqt des cœurs tels que les nôtres.

OEDIPE.

Mes malheurs m'ont appris à plaindre ceux des autres.

ANTIGONE.

Mon pere , (quel fecret vais-je lui révéler !)
Un jeune homme inconnu demande à vous parler.

OEDIPE.

Que vient-il m'annoncer? que prétend-il me dire ?

ANTIGONE.

Dans cet inftant lui-même il doit vous en inftruire.

OEDIPE.

Quel eft cet étranger ? qui l'a conduit vers vous ?

ANTIGONE.

Etranger pour tout autre , il ne l'eft pas pour nous.

OEDIPE.

A vous par ses discours il s'est donc fait connoître?

ANTIGONE.

Hélas?

OEDIPE.

Vous le plaignez! Parlez, qui peut-il être?

ANTIGONE.

La vie, ou je me trompe, a pour lui peu d'appas.

OEDIPE.

Et si jeune avec joie il aspire au trépas!

ANTIGONE.

Tout annonce dans lui la fierté, la naissance,
Le sort d'un Prince errant, déchu de sa puissance,
D'un mortel à la haine, au trouble abandonné,
Par un destin fatal vers sa perte entraîné,
Dont le repentir sombre également exprime
La douleur du remords & le penchant au crime.
Pour une fin terrible il semble réservé.

OEDIPE *à part.*

Quel doute en mon esprit s'est soudain élevé?
(*Haut.*)
Le trépas, dites-vous, est sa plus chere envie!

ANTIGONE.

Il seroit trop heureux d'abandonner la vie.

OEDIPE.

Pourquoi former sur lui ces homicides vœux?

ANTIGONE.

En souhaitant sa mort je sais ce que je veux:
C'est de mon amitié la marque la plus chere,
Et ce souhait fatal vous dit qu'il est mon frere:
C'est Polynice.

OEDIPE.

O ciel!

ANTIGONE.

Souffrez qu'à vos genoux
Il vienne avec respect.......

ŒDIPE.

Il n'est plus rien pour nous.

ANTIGONE.

Auroit-il vainement retrouvé sa famille?.....

ŒDIPE.

Pour être encor ſa ſœur vous êtes trop ma fille.
Il ne me manquoit plus pour combler mes tourments,
Que l'approche d'un traître à mes derniers moments.

ANTIGONE.

Avant que de mourir il veut vous voir encore.

ŒDIPE.

Ne me parlez jamais d'un cruel que j'abhorre.

ANTIGONE.

Votre courroux vaincu par ſon noble retour....

ŒDIPE.

Sur ſon coupable front peſera plus d'un jour.

ANTIGONE.

Ah! ſi vous connoiſſiez ſes maux & ſa miſere!...

OEDIPE.

Le ciel l'a dû punir d'avoir chaſſé ſon pere.

ANTIGONE.

Il veut vous voir.

ŒDIPE.

Qu'il parte.

ANTIGONE.

Un moment d'entretien,

ŒDIPE.

L'ingrat !

ANTIGONE.

Ecoutez-moi.

OEDIPE.

Je ne vous promets rien.

SCENE II.

ŒDIPE, ANTIGONE, POLYNICE.

POLYNICE.

Ciel, dont je n'ai que trop mérité la colere,
Par mes pleurs, s'il ſe peut, daigne attendrir mon pere !
(*Appercevant Œdipe.*)

C'eſt donc lui que je vois ?

ANTIGONE.

C'eſt lui.

POLYNICE.

Supplice affreux !

C'eſt moi qui l'ai réduit à ce ſort malheureux !

ANTIGONE *à Polynice.*

Oſe avancer.

POLYNICE *à Antigone.*

Je tremble.

ANTIGONE.

Affermis ton courage

POLYNICE.

Que l'âge & l'infortune ont changé ſon viſage !
Mais youdra-t-il m'entendre ?

[ANTIGONE.

Eſpere en ſa bonté.

POLYNICE.

Penſe-tu qu'en effet j'en puiſſe être écouté ?

ANTIGONE.

Je le crois.

POLYNICE *à Œdipe.*

Permettez qu'un remords véritable

Ramenant à vos pieds le fils le plus coupable.....
Vous ne m'écoutez point !.... Mon pere, ah ! que ce nom
Vous parle encor pour moi, vous invite au pardon !
A ma priere, hélas ! ferez-vous inſenſible ?
N'adoucirez-vous point ce front morne & terrible ?

(*Il ſe jette aux pieds de ſon pere qui le repouſſe.*)

Mon pere, au nom des Dieux, n'écartez plus de vous
Votre fils confondu qui tremble à vos genoux !....
Vous le voyez, ma ſœur, ſon ame eſt inflexible :
Pour être pardonné mon crime eſt trop horrible.
Je vous l'avois bien dit. Sortons.

ANTIGONE.

Demeure.

POLYNICE.

Eh quoi !

Et ſa bouche & ſon cœur, tout eſt muet pour moi.

Adieu. Tu lui diras que ton malheureux frere,
Accablé comme lui d'opprobre & de misere,
Mettant dans ses pleurs seuls l'espoir de l'attendrir,
Lui demanda sa grace avant que de mourir.

ŒDIPE.

Si ta sœur , dans ces lieux, où tout doit te confondre,
Ingrat, ne m'eût prié de daigner te répondre,
Tu peux être assuré, par ce ciel que tu vois,
Que tu serois parti sans entendre ma voix.
Mais puisqu'en sa faveur je m'abaisse à t'entendre ,
Que me veux-tu, perfide, & que viens-tu m'apprendre?

POLYNICE.

Seigneur, de quelque affront que je sois accablé,
Je vous vois, je respire & vous m'avez parlé.
Mais , puisque de mon sort vous daignez vous instruire,
Apprenez qu'Etéocle , enivré de l'Empire,
Me bravant sans respect, moi son Roi , son aîné,
M'a retenu mon sceptre, & s'est seul couronné.
C'est par l'art de séduire, & non par son courage,
Qu'il a conquis sur moi notre antique héritage.
Mais j'ai , pour y rentrer, j'ai des moyens tout prêts.
Adraste avec les miens unit ses intérêts ;
Il m'abandonne tout , trésor, soldats, famille :
J'ai fondé nos traités sur l'hymen de sa fille.
Sept intrépides Chefs vont au premier signal,
Dans ses fameux remparts assiéger mon rival :
Chacun d'eux pour l'attaque a partagé les portes :
Tout est réglé, le temps, les endroits, les cohortes.
Qu'Etéocle pâlisse ; ils vont tous l'accabler :
Mais c'est de cette main que je veux l'immoler.
C'est lui, c'est lui, l'ingrat, dont le conseil parjure
M'a fait envers mon pere oublier la nature.
Que je dois le haïr ! mais si vous m'exaucez,
Son triomphe est détruit, mes malheurs sont passés ;
Si j'obtiens mon pardon, tout mon camp , sans alarmes,
Croira voir par vos mains le ciel bénir mes armes ;
Et mes soldats vainqueurs viendront tous avec moi,
Vous ramener dans Thebes & vous nommer leur Roi.

OEDIPE.

Moi, leur Roi ! moi, te suivre ! ingrat ; l'as-tu pu croire?
Eh ! dis-moi, que m'importe & Thebes & ta victoire !
Penses tu, malheureux, si je voulois régner,
Que ce fût à ta main de m'oser couronner !

Va tenter loin de moi tes combats ou tes fieges;
Tranfporte où tu voudras tes drapeaux facrileges.
Je plaindrai les Thébains, s'il faut que pour leur Roi
Le ciel n'ait à choifir qu'entre Etéocle & toi.
Mais un Prince, dis-tu, t'admet dans fa famille.
Quel eft l'infortuné qui t'a donné fa fille?
Certes tes alliés ont raifon de frémir,
Si c'eft fur ta vertu qu'ils doivent s'affermir!
Le trône t'eft ravi par un frere infidele:
Eh! ne régnois-tu pas quand ta voix criminelle
De mon pays natal m'exila fans retour!
Tu m'as chaffé, barbare, il te chaffe à ton tour.
Eh! dans quel temps encor tes ordres tyranniques
M'ont-ils banni du fein de mes dieux domeftiques!
Quand mon ame, laffée après tant de malheurs,
Soulevant par degrés le poids de fes douleurs,
Pour vous feuls d'exifter reprenoit quelque envie,
Et du fein des tombeaux remontoit à la vie:
C'eft dans ce temps, ingrat, de ton rang enivré,
Que tu m'as vu partir d'un œil dénaturé.
Ton devoir, ma vertu, mes fanglots, ma mifere,
Rien n'a pu t'attendrir fur ton malheureux pere:
Et fi ma digne fille, en confolant mes jours,
A mes pas chancelants n'eût prêté fes fecours,
Si fes foins prévoyants, fa pieufe tendreffe,
Sur mes triftes deftins n'euffent veillé fans ceffe,
Sans guide, fans appui, mourant, inanimé,
Sur quelque bord défert la faim m'eût confumé.
Va, tu n'es point mon fils: feule elle eft ma famille.
Antigone, eft-ce toi? Viens, mon fang, viens ma fiile;
Soutiens mon foible corps dans tes bras généreux:
Ton front n'a point rougi de mon fort malheureux;
Toi feule as de ce fort corrigé l'injuftice:
Voilà mon cher foutien, voilà ma bienfaitrice.
Puifqu'il ne peut te voir, que ton pere attendri
Baigne au moins de fes pleurs la main qui l'a nourri.
Toi, va-t-en, fcélérat, ou plutôt refte encore,
Pour emporter les vœux d'un vieillard qui t'abhore.
Je rends grace à ces mains, qui, dans mon défefpoir,
M'ont d'avance affranchi de l'horreur de te voir.
Vers Thebes fur tes pas ton camp fe précipite:
J'attache à tes drapeaux l'épouvante & la fuite.
Puiffent tous ces fept Chefs, qui t'ont juré leur foi,
Par un nouveau ferment s'armer tous contre toi!

Que la nature entiere à tes regards perfides
S'éclaire en pâliſſant du feu des Euménides !
Que ce ſceptre ſanglant que ta main croit ſaiſir ,
Au moment de l'atteindre échappe à ton deſir !
Ton Etéocle & toi , privés de funérailles ,
Puiſſiez-vous tous les deux vous ouvrir les entrailles !
De tous les champs Thébains puiſſes-tu n'acquérir
Que l'eſpace en tombant que ton corps doit couvrir !
Et pour comble d'horreur , couché ſur la pouſſiere ,
Mourir , mais en ſujet , & bravé par ton frere !
Adieu : tu peux partir. Raconte à tes amis
Et l'accueil & les vœux que je garde à mes fils.

P O L Y N I C E.

Je ne partirai point.

Œ D I P E.

Qui , toi !

P O L Y N I C E.

Non.

O E D I P E.

Téméraire !

P O L Y N I C E.

Je vous déſobéis , j'oſe encor vous déplaire.

O E D I P E.

De ton indigne voix je ſaurai m'affranchir.
Qu'attends-tu donc ?

P O L Y N I C E.

La mort.

O E D I P E.

Quoi ! tu veux !....

P O L Y N I C E.

Vous fléchir.

O E D I P E.

Avant qu'Œdipe ému s'ébranle à ta priere ,
L'aſtre éclatant du jour me rendra la lumiere.

P O L Y N I C E.

J'approuve vos tranſports. Mais , Seigneur , faites mieux ,
Suſcitez contre moi les enfers & les cieux ;
Du fond de ces enfers appellez les Furies ,
Avec tous leurs ſerpents , leurs feux , leurs barbaries ;
Leurs ſerpents, leurs flambeaux, leurs regards pleins d'effroi,

Seront de tous mes maux les plus légers pour moi.
Vous avez un vengeur plus prompt, plus redoutable ;
Qui vous sert sans éclat, qui s'attache au coupable,
Dont rien ne peut suspendre & fléchir la rigueur :
Et ce vengeur secret je le porte en mon cœur.
Il est là ce témoin, ce juge incorruptible,
Dont j'entends malgré moi la voix sourde & terrible.
Je le sais, je le dis, rien ne fut sacré ;
Je fus barbare, impie, ingrat, dénaturé ;
Je ne mérite plus d'envisager la terre,
Ni ma sœur, ni le ciel, ni le front de mon pere :
Mais il me reste un droit que je porte en tous lieux,
Qu'on ne peut me ravir, que j'ai reçu des Dieux.
Avec eux par lui seul je communique encore :
C'est ce remords sacré qui pour moi vous implore.
Mais que dis-je ? Ah ! ces Dieux je les retrouve en vous,
Je les vois, je leur parle, & tombe à leurs genoux.
Ne soyez pas plus qu'eux sévere, inéxorable ;
Sous vos pieds qu'il embrasse écrasez un coupable.
Mais, avant de punir, avant de m'accabler,
Entendez mes sanglots, sentez mes pleurs couler :
Dans vos bras, malgré vous, oui, je répands des larmes :
Il faut à ma douleur que vous rendiez les armes ;
Mon pere....

OEDIPE.

Eh bien !

POLYNICE.

Je meurs.

OEDIPE.

Polynice, est-ce toi ?

POLYNICE.

Nous le vaincrons, ma sœur : joignez-vous avec moi.

OEDIPE.

Que dis-tu ?

ANTIGONE.

Permettez.....

OEDIPE à Antigone.

Ah ! soutiens ma colere.

Affermis-la plutôt.

ANTIGONE.

Seigneur, il est mon frere.

OEDIPE.

Qu'entends-je ? où fuis-je ?.... O ciel ! fi c'étoit la vertu !
Je balance.... je doute.... Ingrat, te repens-tu ?
Ne me trompes-tu pas ? Puis-je te croire encore ?

ANTIGONE.

Je vous réponds de lui.

ŒDIPE.

     Dieux puiffants que j'implore !
Dieux ! vous que j'invoquois pour fa punition,
Enchaînez, s'il fe peut, ma malédiction :
J'ai calmé mon courroux, calmez votre colere.
Viens dans mes bras, ingrat ; retrouve enfin ton pere.
Que le jour un moment rentre encor dans mes yeux,
Pour embraffer mon fils à la clarté des cieux.

POLYNICE.

Quoi ! vous m'aimez encor ? Quoi ! déjà votre haine !...

ŒDIPE.

Crois-tu qu'à pardonner un pere ait tant de peine !...
Mais, dis-moi, Polynice, en quel état es-tu ?
De quoi t'a-t-il fervi de quitter la vertu ?
Moi qui, fous l'afcendant de mon deftin funefte,
Ai joint le parricide aux horreurs de l'incefte,
Qui, délaiffé des miens, profcrit dès mon berceau,
Ne fais pas même encore où chercher un tombeau,
C'eft moi dont la pitié confole ta mifere :
Et toi, né pour régner fous un ciel moins contraire,
Détrôné, furieux, errant, faifi d'effroi,
Tu reviens à mes pieds plus à plaindre que moi !
Ah ! vois mieux du bonheur quel eft le vrai principe.
L'univers, tu le fais, frémit au nom d'Œdipe :
Sur mon front cependant, dis-moi, reconnois-tu
L'inaltérable paix qui refte à la vertu ?
Je marche fans remords vers mon dernier afyle :
Œdipe eft malheux, mais Œdipe eft tranquille.
Imite, aime ta fœur ; ne l'abandonne pas :
Et puifque, grace au ciel, je touche à mon trépas....

ANTIGONE.

Que dites-vous ?

ŒDIPE.

    Ecoute. Il eft temps que je meure ;
Je fens qu'Œdipe enfin touche à fa derniere heure.

ANTIGONE.

Mon frere, il va mourir.

POLYNICE.

Quoi ! Seigneur !...

ŒDIPE.

Mes enfants ;
Point de cris, point de pleurs, & je vous les défends.
Polynice, en tes bras je remets Antigone :
C'eſt ta ſœur, c'eſt la mienne. ... & je te l'abandonne.
Je vais bientôt mourir : elle n'a plus que toi.
Fais pour elle, mon fils, ce qu'elle a fait pour moi.
Hélas ! depuis qu'au jour j'ai fermé ma paupiere,
Ses yeux n'ont pas ceſſé de veiller ſur ton pere.
Elle a guidé mes pas, ſans plaintes, ſans regrets,
Sur les rochers déſerts, dans le fond des forêts,
Quand le ſoleil brûlant dévoroit les campagnes,
Quand les vents orageux grondoient ſur les montagnes,
N'entendant autour d'elle, à la fleur de ſes ans,
Que les ſanglots d'un pere & le bruit des torrents.
Et ſi dans le ſommeil quelque ſonge exécrable,
M'offrant de mes deſtins la ſuite épouvantable,
Me réveilloit ſoudain avec des cris d'effroi,
Elle eſſuyoit mes pleurs ou pleuroit avec moi.

POLYNICE.

Ah ! ne me parlez plus de ſes ſoins magnanimes ;
En peignant ſes vertus vous peignez tous mes crimes.
Que le cercueil déjà ne m'a-t-il englouti ?

OEDIPE.

As-tu donc oublié que tu t'es repenti ?
Vis pour chérir ta ſœur, & renonce à l'Empire.

POLYNICE.

Il eſt une autre gloire où mon courage aſpire.
Dieux ! quel eſpoir me luit ! Je crois, ma ſœur, je croi
Reſpirer l'innocence & m'égaler à toi.
Va, je ne craindrai plus que ce ſang qui m'anime,
Même au ſein du remords, ne me rengage au crime ;
Et voici pour mon cœur, ſi long-temps agité,
Le plus heureux moment qu'il ait jamais goûté.

ŒDIPE.

Tu n'y ſens plus frémir la haine & la colere ?

POLYNICE.

Je ſens qu'en ce moment j'embraſſerois mon frere.

Adieu, mon pere. Adieu.
ANTIGONE.
Ciel! il m'échappe.
POLYNICE.

Adieu.

SCENE III.

ŒDIPE, ANTIGONE.

ANTIGONE.

Dans quel calme effrayant il a quitté ce lieu!
Un grand projet sans doute & l'occupe & l'enflamme.
OEDIPE.
Puisse un remords durable habiter dans son ame!
ANTIGONE.
Vous-même quel dessein paroît vous agiter?
OEDIPE.
Enfin de leurs bienfaits je me vais acquitter.
Conduis mes pas, ma fille, au fond du sanctuaire.
ANTIGONE.
Chercheriez-vous la mort? Où courez-vous, mon pere?
Vous me faites frémir.
ŒDIPE.
Ma fille, que dis-tu?
Où seroit, sans la mort, l'espoir de la vertu?
Va, l'immortalité, quand le juste succombe,
Comme un astre naissant se leve sur sa tombe.
J'irai, du Cythéron remontant vers les cieux,
Sur le malheur de l'homme interroger les Dieux:
Marchons.

SCENE IV.

LE GRAND-PRESTRE, POLYNICE.

POLYNICE.

Sauvez Admete, acceptez Polynice;
Fieres Divinités, que ma voix vous fléchisse!

O vous ! qui n'écoutez que les cœurs vertueux,
Regardez fans courroux mon front refpectueux.
Quels que foient mes forfaits devant votre colere,
Je me couvre en tremblant du pardon de mon pere,
Si mes juftes remords ont droit de vous toucher,
Par un coupable encor laiffez-vous approcher ;
Ne me refufez pas le feul bien qui me refte,
Et daignez par ma mort fauver l'époux d'Alcefte.

LE GRAND-PRÊTRE.

L'inexorable ciel ne t'a point entendu.
A remplacer Admete as-tu donc prétendu ?
Vois ce livre vengeur, où la main des Furies
Des fils dénaturés grave les noms impies :
Tu n'as point mérité cet augufte trépas.
Ton pere eft appaifé ; les Dieux ne le font pas.
De tes jours, malheureux, va, porte ailleurs l'offrande ;
Etéocle t'attend, & Thebes te demande.

POLYNICE.

Hé bien ! j'accomplirai mon terrible deftin.
Ma premiere fureur fe réveille en mon fein.
Grands Dieux ! en fe voilant, l'une des Euménides,
Secoue autour de moi fes flambeaux homicides.
Viens, fille des enfers, je marche devant toi.
(Il s'échappe.)

SCENE V.

LE GRAND-PRESTRE, ADMETE.

ADMETE.

Dieux ! j'implore vos coups, ils vont tomber fur moi,
Vous devez accepter une tête innocente.

SCENE VI.

ŒDIPE, ANTIGONE, ADMETE, ALCESTE, LE JEUNE PRINCE, LA JEUNE PRINCESSE.

ADMETE.
(En entrant dans le Temple.)

J Eveux.... Que vois-je ? ô ciel ! c'eft Alcefte expirante,

ALCESTE.
Où suis-je ? ô ciel ! Admete !

ADMETE.
           Alceste ! Alceste ! ô Dieux !

ALCESTE.
La mort est dans mon sein ; le Styx est sous mes yeux.

ADMETE.
Non, tu ne mourras point : la bonté souveraine…

ALCESTE.
Admete, c'en est fait : cher Admete, on m'entraîne.

SCENE VII. & derniere.

ADMETE, ALCESTE, LE JEUNE PRINCE, LA JEUNE PRINCESSE, ŒDIPE, ANTIGONE, ARCAS, CEPHISE, LES TROIS HABITANTS, le grand-Prêtre, suite du grand-Prêtre, les deux Vieillards, Gardes d'Admete, Peuple.

La porte de l'intérieur du Temple s'ouvre, l'encens fume ; on y voit les figures des Euménides, les instruments nécessaires aux sacrifices, & en général tout ce qui peut caractériser le Temple des Furies. L'autel est au centre, la flamme y brille, & sa clarté illumine le visage d'Œdipe, qu'on y voit dans l'attitude d'un suppliant. Le grand-Prêtre & sa suite forment un cercle autour de lui. Les Gardes d'Admete, le Peuple & les autres Personnages garnissent le fond.

ŒDIPE. (*Tenant l'autel embrassé.*)
O mort ! entends ma voix ! Grands Dieux ! appaisez-vous !
J'ai mérité l'honneur de suspendre vos coups.
Du trône en expirant j'emporterai l'offense :

Mourir pour ces époux, voilà ma récompenfe,
Vous m'avez réfervé pour ce noble trépas.
Mais le marbre s'ébranle, il frémit fous mes pas.
Quel rayon defcendu fur ces autels funebres,
Me luit confufément à travers les ténebres ?
Grands Dieux ! par vous bientôt mon ame va s'ouvrir
A ce jour éternel qui doit tout découvrir !
L'ouvrage eft accompli, je peux quitter la terre.
A mes yeux étonnés vous rendez la lumiere ;
Votre éclat immortel m'offre un féjour nouveau.
Vous allez en autel convertir mon tombeau.
Tout fuit, le temps n'eft plus ; je meurs, je vais renaître.
Je vous fuis, je vous vois ; vous daignez m'apparoître.
Votre calme éternel fuccede à mon effroi ;
Et Thebes & Cythéron font déjà loin de moi.

ANTIGONE.

Hélas !

ŒDIPE.

De ta douleur où feroit le principe ?
Eft-ce au moment qu'il meurt qu'on doit pleurer Œdipe ?
J'ai prouvé, grace au ciel, fans en être abattu,
Qu'il n'eft point de malheur où furvit la vertu.
Mais je fens que mon ame en dédaignant la terre,
A l'approche des Dieux s'agrandit & s'éclaire.
Il eft temps que fans crainte, oubliant fes forfaits,
Œdipe dans leur fein fe repofe à jamais.
Antigone, tu fais fi mon cœur te regrette.
Enfin le ciel m'infpire. Approchez-vous, Admete.
Je vous legue en mourant, pour protéger ces lieux,
Et ma fille & ma cendre & la faveur des cieux.
Et vous, Dieux tout puiffants ! fi vous daignez m'abfoudre,
Annoncez mon pardon par le bruit de la foudre ;
Confumez dans fes feux votre Œdipe à genoux.
Il s'offre, il vous implore ; il eft digne de vous :
Soixante ans de malheurs ont paré la victime....
Mais quel nouveau tranfport me faifit & m'anime !
Mon efprit fe dégage ; il n'eft plus arrêté ;
Je tombe & je m'éleve à l'immortalité.

(*L'éclair brille, la foudre gronde & renverfe Œdipe
mourant au pied de l'autel.*)

FIN.